Book Two Contents

#			
1	la cuisine	(kitchen)	window/oven/fridge/washing machine
2	en haut	(upstairs)	bath/chest of drawers/basin/bed/to...
3	en bas	(downstairs)	sofa/chair/cushion/armchair/floor/table
4	les prépositions		in/behind/in front of/between/under/on
5	les ordres	(orders)	open your books/close your folders/be quiet/hurry up/stand up/sit down
6	les révisions		pages 1 - 5
7	song		Il y a un nounours sous le lit
8	est-ce que (i)	(questions)	in/on/under/sock/shoe/shirt/water/book/soap
9	est-ce que (ii)		you're hungry & thirsty/you're hot & cold/you have brothers & sisters
10	mes passe-temps (i)	(hobbies)	swimming/riding/drawing/fishing/skate boarding/reading
11	mes passe-temps (ii)		history/video games/music/nature/sciences/sport
12	quel et préféré	(what & favourite)	animal(pet)/colour/TV programme/team/group/subject/sport
13	les révisions		pages 8 - 12
14	song		le Hokey Cokey
15	le corps	(body)	arm/back/leg/hand/foot/head
16	les jours	(days of the week)	Monday/Tuesday/Wednesday/Thursday/Friday/Saturday/Sunday
17	le temps qui passe	(time/length)	year/hour/day/minute/month/week/week-end
18	Quelle heure est-il?	(time/clock)	concert/TV programme/party/film/match/disco/show
19	À quelle heure?	(At what time?)	I have breakfast/lunch/supper at/I get up-go to bed at/I go to school at
20	les révisions		pages 15 - 19
21	song		la Grande Pendule
22	le temps - la météo	(weather)	It's sunny/It's windy/It's foggy/It's raining/It's snowing/It's hot/It's cold
23	l'hiver	(winter)	December/January/February/It's snowing/It's cold/It's freezing
24	le printemps	(spring)	March/April/May/It's raining/It's windy/It's overcast
25	l'été	(summer)	June/July/August/It's sunny/It's hot/It's a lovely day
26	l'automne	(autumn)	September/October/November/Christmas/Back to school/It's foggy
27	les révisions		pages 22 - 26
28	song		les Quatre Saisons
29	les nombres	(numbers)	40 - 100
30	C'est quelle date aujourd'hui?		Working out how to say the date
31	J'ai faim. (i)	(I'm hungry)	meat/pizza/salad/ice-cream/soup/cream
32	J'ai faim. (ii)		cake/ham/sugar/chicken/rice/toast
33	J'ai faim. (iii)		biscuits/sweets/crisps/pancakes/croissants/chips/pasta
34	les révisions		pages 29 - 33
35	song		Tu tu do do
36	J'ai soif.	(I'm thirsty)	water/coca cola/coffee/tea/chocolate/lemonade
37	les adjectifs (i)	(adjectives)	wet/dry/hot/cold/small/large/tall
38	les adjectifs (ii)		short/long/shut/open/new/young/old
39	les adjectifs (iii)		funny/tired/kind/happy/ill/sporty/sad
40	les pronoms	(pronouns)	he/she/it/amusing/lovely/good/happy/rubbish/naughty
41	les révisions		pages 36 - 40
42	song		la Poule Violette
43	Où vas-tu? (i)	(Where are you going?)	butcher's/baker's/delicatessen/station/cake shop/chemist's/post office
44	Où vas-tu? (ii)		café/cinema/market/park/port/supermarket/newsagent
45	Où vas-tu? (iii)		school/church/hospital/hotel/town hall/factory
46	bon voyage !	(Have a good journey!)	by aeroplane/by bus/by train/by bike/by car/swimming pool/shop
47	les directions	(directions)	left/right/the first/the second/the third/take/go straight on
48	les révisions		pages 43 - 47
49	song		Hoorah! Hoorah!

 Blanco, the badger, is hiding throughout the pupil's book. Here are the numbers of the 12 pages where he is hiding.

| 2 | 4 | 6 | 9 | 10 | 18 | 22 | 27 | 32 | 36 | 40 | 45 |

NAMES OF SCHOOL CLASSES

Age	England	Scotland	France
5	Reception	P1	Maternelle
6	Year 1	P2	Maternelle
7	Year 2	P3	CP
8	Year 3	P4	CE1
9	Year 4	P5	CE2
10	Year 5	P6	CM1
11	Year 6	P7	CM2
12	Year 7	S1	6ème
13	Year 8	S2	5ème

 ## THE CD CONVERSATION SCRIPT

THE FULL CD TRANSCRIPT IS FOUND AT THE BACK OF THIS BOOK
Each CD track refers to the chapter number in this book.

All the bullet questions are indicated by 💬 and the CD goes through each question giving the answers which can be found at the back of this book.

The songs and their karaoke music tracks are clearly marked.

ALL THE ANSWERS TO THE PUPIL'S BOOK ARE FOUND ON OUR WEBSITE www.skoldo.com

THE STAR CHART

This can be photocopied and handed out to each child.
When French has been spoken or work completed, initial a box.
After seven initialled boxes, the final piece of good work merits a sticker.
Reward stickers can be bought on-line at **www.skoldo.com**

THE GRADED WORKSHEETS

Each chapter in this book has three worksheets and they are specifically graded.
The 1st worksheet :1 requires little or no written work and is self-explanatory.
It is easy, undemanding and ideal whole class work.
The 2nd worksheet :2 requires more written work and a knowledge of language.
It is ideal for the more able children.
The 3rd worksheet :3 requires little written skills as it is puzzle or maths based.
It is ideal for homework or to extend conceptual development

Nom

Track record for each class using Skoldo Book Two

p1 p2 p3 p5 p6 p8 p9 p10 p11 p12 p13 p15 p16 p17 p18 p19 p20 p22 p23 p24

p25 p26 p27 p29 p30 p31 p32 p33 p34 p36 p37 p38 p39 p40 p41 p43 p44 p45 p46 p47

Class:

Class:

Class:

Class:

Class:

Class:

Class:

Class:

Class:

Class:

Page 1 'la cuisine' - kitchen

Get Started	Remind the children that **le** words are masculine, **la** words are feminine and **l'** words can be masculine or feminine. Some examples: la fenêtre (f), le micro-ondes (m), l'arbre (m) l'assiette (f) A fridge can also be called un réfrigérateur or un frigidaire®. The latter is a trade name like Hoover®.
Bullet Questions	These are quick firing questions to help fluency. 1. De quelle couleur est la mer? — What colour is the sea? 2. De quelle couleur sont les fraises? — What colour are strawberries? 3. (Comment) Ça va? — How are you? 4. Épelle le mot 'frigo'. — Spell the word FRIGO.
Pupil's Book	**Answers** This page is self explanatory.
1:1 Everyone	**Worksheet** This is a revision sheet on clothing. The vocabulary at the top of the page gives you three graded options: **EASY:** Photocopy the sheet as it is with all the translations. **AVERAGE:** Typex® out the English translations. (Keep an original version) **DIFFICULT:** Typex® out all the vocabulary. (Keep an original version)
	Answers There are no answers.
1:2 More able	**Worksheet** Check the children know that **est** = is and **sont** = are. These words are verbs and come from the verb **être** = to be. Go over the questions orally, seeking answers from the children. **Objective:** To understand verbs and prepositions.
	Answers 1. Le verre est sur la machine à laver. 5. Les biscuits sont sur le frigo. 2. Le jean est dans la machine à laver. 6. Les carottes sont dans le frigo. 3. Le fromage est dans le frigo. 4. Les clés sont sur la machine à laver.
1:3 Relaxing	**Worksheet** This sheet is self-explanatory.
	Answers Le mot caché est P.A.N.T.A.L.O.N (trousers)
Test Oral/written	**Revision of vocabulary** la porte – door le four – oven le micro-ondes – microwave la fenêtre – window le frigo - fridge la machine à laver – washing machine

les révisions des vêtements

le vocabulaire

les **baskets** the trainers	les **chaussures** the shoes	le **jean** the jeans	le **pull** the jumper
le **bonnet** the woolly hat	la **chemise** the shirt	la **jupe** the skirt	le **pyjama** the pyjamas
le **chapeau** the hat	l'**écharpe** the scarf	le **manteau** the coat	la **robe** the dress
les **chaussettes** the socks	le **gant** the glove	le **pantalon** the trousers	le **t-shirt** the t-shirt

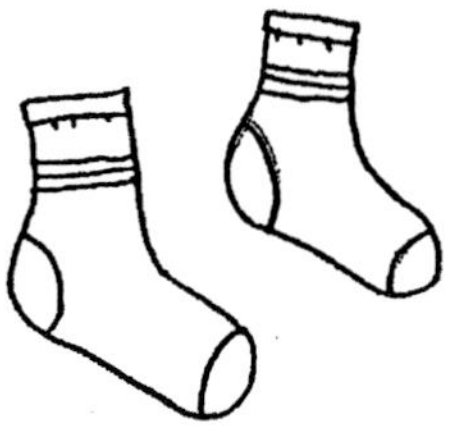

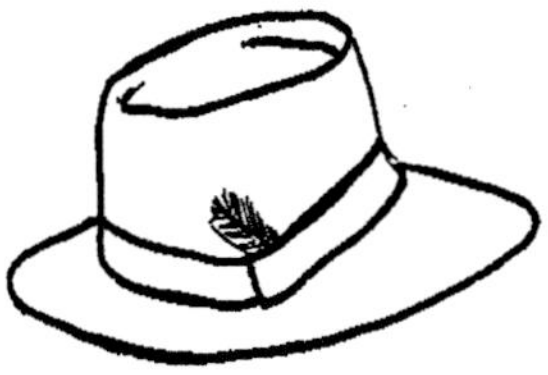

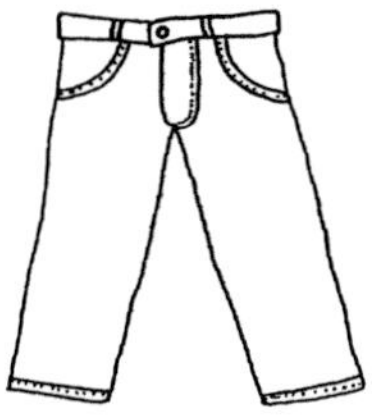

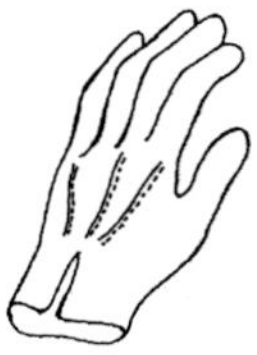

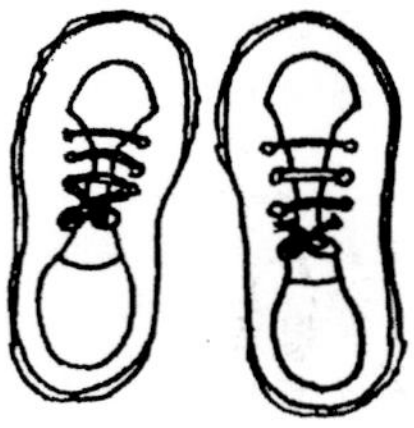

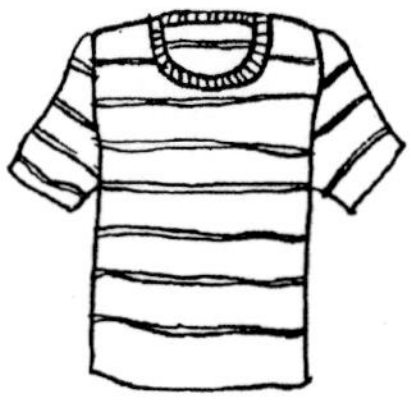

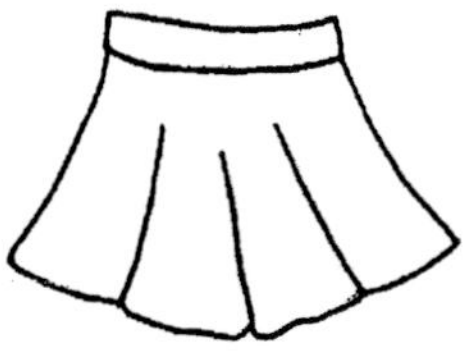

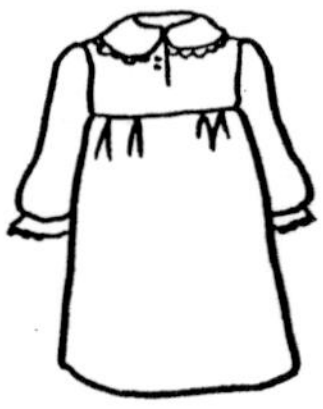

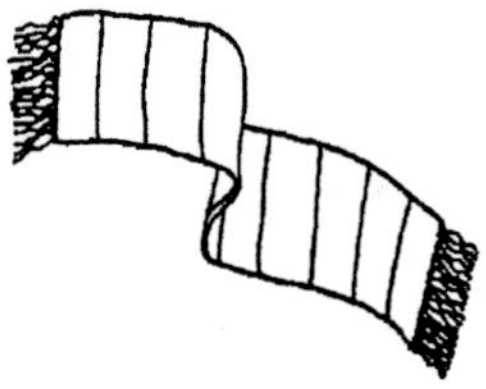

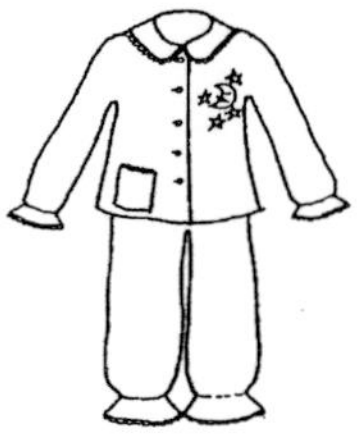

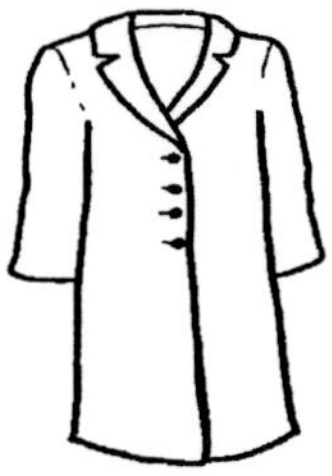

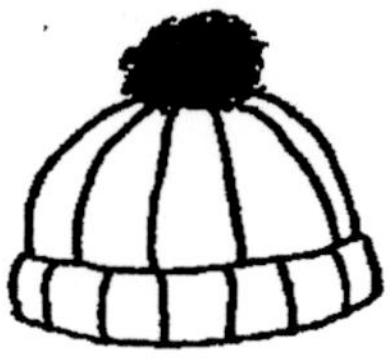

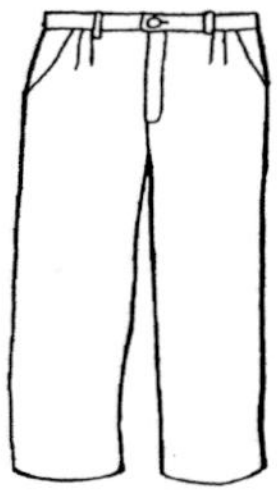

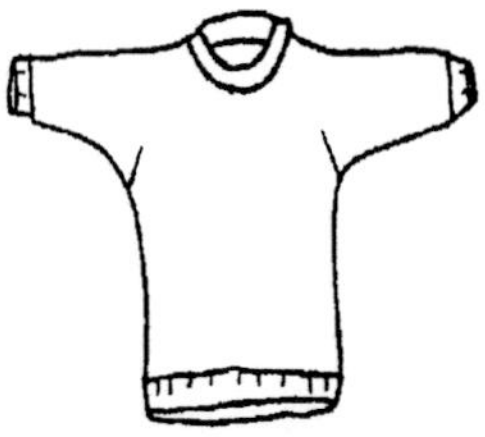

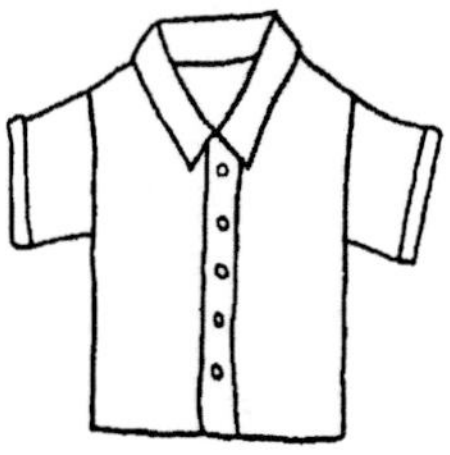

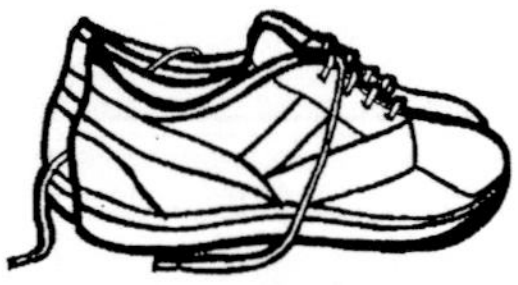

la cuisine

le vocabulaire

				dans	sur
				in	on
l' **assiette** plate	la **carotte** carrot	le **frigo** fridge	le **jean** jeans (a pair of) jeans	la **tasse** cup	
le **biscuit** biscuit	la **clé** key	le **fromage** cheese	la **machine à laver** washing machine	le **verre** glass (drinking)	

l'évier

Réponds aux questions. The verbs have been written in bold.
Check you have included the correct verb in each answer.

Exemple:
Où **est** l'assiette? *L'assiette **est** dans l'évier.*

1. Où **est** le verre? ....

2. Où **est** le jean? ....

3. Où **est** le fromage? ....

4. Où **sont** les clés? ....

5. Où **sont** les biscuits? ....

6. Où **sont** les carottes? ....

© Lucy Montgomery t/a Ecole Alouette 2005. This page may be photocopied for use within the purchasing institution only.

Trouve les mots cachés dans la grille.

o	m	e	n	p	r
a	p	r	i	f	t
a	e	v	e	r	r
o	n	c	i	à	e
e	r	f	h	t	i
d	ê	a	c	o	t
a	o	n	l	g	l
e	n	o	s	n	m

All the letters in the words below can be found in the above grid.
Cross off the letters one by one (a different colour scheme for each word will help)
The remaining letters will make a new word.
Three of the letters have already been given.

en français p __ __ __ a __ __ n   **en anglais** ....

 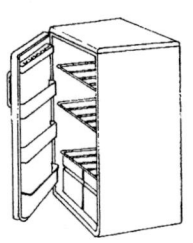 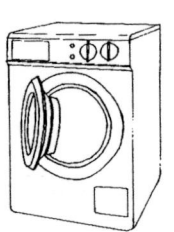 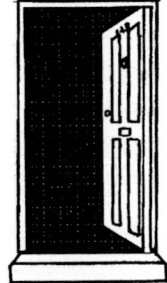 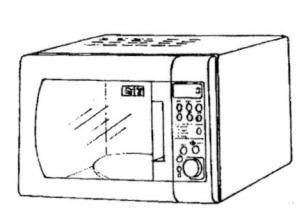

fenêtre (bleu)   **frigo** (rouge)   **machine à laver** (vert)   **porte** (jaune)   **micro-ondes** (rose)

© Lucy Montgomery t/a Ecole Alouette 2005. This page may be photocopied for use within the purchasing institution only.

Page 2 'en haut' - upstairs

Get Started	Remind the children that colours agree with the nouns they describe. Write an example, in English on the board: the blue shirt **(la chemise bleue)** Ask a child to translate it into French. If he remembers to add an **e** to **bleu**, (**la** chemise) and place the colour **after** the noun, you should be encouraged that the basics of French grammar are 'sticking'!
Bullet Questions	Answer 1 & 2 with the colour **blanc** and 3 & 4 with **vert**. 1. De quelle couleur est la baignoire? What colour is the bath? 2. De quelle couleur est le lit? What colour is the bed? 3. De quelle couleur est le frigo? What colour is the fridge? 4. De quelle couleur est la porte? What colour is the door?

Pupil's Book	**Answers**
	3. 1. La commode est marron.
	    2. La baignoire est blanche.
	    3. La serviette est violette.

2:1 Everyone	**Worksheet** Only **bleu** and **violet** have been included in this exercise. Make sure the children know the difference between **le** and **la** and masculine and feminine adjectives. The plural 's' has also been included. **Answers** Ex. **bleue/bleues** 3. **violette/violettes** 6. **violet/violets** 1. **bleu/bleus** 4. **bleue/bleues** 7. **violette/violettes** 2. **violet/violets** 5. **bleue/bleues** 8. **bleu/bleus**
2:2 More able	**Worksheet** Revision of prepositions and complete sentences. Make sure the children include the verb **est** in each reply. Before starting the exercise it would be a good idea to underline all the verbs and make sure the same verb is included in each answer. **Answers** Ex. Le canard rouge **est** sur le livre. **1.** Le canard jaune **est** dans la baignoire. **2.** Le canard violet **est** sous le lavabo. **3.** Le canard vert **est** sur les toilettes. **4.** Le canard bleu **est** sous la serviette. **5.** Le canard rose **est** sur le savon.
2:3 Relaxing	**Worksheet** An easy exercise to see if the children can use the correct adjective to describe each picture. 1st colour is masculine 2nd colour is feminine vert(m)/verte(f) **Answers** 1. le soleil/jaune 2. la feuille/verte 3. le citron/jaune 4. la coccinelle/rouge et noire 5. l'abeille/noire et jaune 6. coquelicot/rouge 7. l'éléphant/gris 8. la fraise/rouge 9. le chocolat/marron 10. le merle/noir
Test	**Revision of vocabulary** le lit - the bed le four - the oven la baignoire - the bath la commode - the chest of drawers le frigo - the fridge la serviette – the towel

Entoure la couleur qui convient.

Circle the correct colour to describe each noun and complete the sentences.

les couleurs	masculin singulier **le**	masculin pluriel **les**	féminin singulier **la**	féminin singulier **les**
bleu	bleu	bleus	bleue	bleues
violet	violet	violets	violette	violettes

Exemple:

La chemise est ......*bleue*...... bleu/bleus/bleue/bleues

Les chemises sont ......*bleues*...... bleu/bleus/bleue/bleues

1. Le crayon est .... bleu/bleus/bleue/bleues

   Les crayons sont .... bleu/bleus/bleue/bleues

2. Le bonbon est .... violet/violets/violette/violettes

   Les bonbons sont .... violet/violets/violette/violettes

3. La fleur est .... violet/violets/violette/violettes

   Les fleurs sont .... violet/violets/violette/violettes

4. L'étoile(f) est .... bleu/bleus/bleue/bleues

   Les étoiles sont .... bleu/bleus/bleue/bleues

5. La porte est .... bleu/bleus/bleue/bleues

   Les portes sont .... bleu/bleus/bleue/bleues

6. Le pull est .... violet/violets/violette/violettes

   Les pulls sont .... violet/violets/violette/violettes

7. La chaussette est .... violet/violets/violette/violettes

   Les chaussettes sont .... violet/violets/violette/violettes

8. Le manteau est .... bleu/bleus/bleue/bleues

   Les manteaux sont .... bleu/bleus/bleue/bleues

Où est le canard?

le vocabulaire

la baignoire - the bath **le livre** - the book **la serviette** - the towel **sur/sous** - on/under

le lavabo - the basin **le savon** - the soap **les toilettes** - the toilet **dans** - in

Réponds aux questions. Answer the questions.

Exemple: Où est le canard rouge?
Le canard rouge est sur le livre.

1. Où est le canard jaune?
   ....

2. Où est le canard violet?
   ....

3. Où est le canard vert?
   ....

4. Où est le canard bleu?
   ....

5. Où est le canard rose?
   ....

De quelle couleur est... ?

le vocabulaire	l'éléphant (m) - the elephant	gris/grise
l'abeille (f) - the bee	la feuille - the leaf	jaune/jaune
le chocolat - the chocolate	la fraise - the strawberry	marron/marron
le citron - the lemon	le merle - the blackbird	noir/noire
la coccinelle - the ladybird	le soleil - the sun	rouge/rouge
le coquelicot - the poppy	bleu/bleue	vert/verte

Exemple: De quelle couleur est la mer?
La mer est *bleue.*

1. De quelle couleur est le soleil?
   .... est ....

2. De quelle couleur est la feuille?
   .... est ....

3. De quelle couleur est le citron?
   .... est ....

4. De quelle couleur est la coccinelle?
   .... est .... et ....

5. De quelle couleur est l'abeille?
   .... est .... et ....

6. De quelle couleur est le coquelicot?
   .... est ....

7. De quelle couleur est l'éléphant?
   .... est ....

8. De quelle couleur est la fraise?
   .... est ....

9. De quelle couleur est le chocolat?
   .... est ....

10. De quelle couleur est le merle?
    .... est ....

© Lucy Montgomery t/a Ecole Alouette 2005. This page may be photocopied for use within the purchasing institution only.

Page 3 'en bas' - downstairs

Get Started	Remind the children that all sentences must include a verb. It is often forgotten that **est** = is (singular) and **sont** = are (plural) are verbs. Eg. Le lavabo **est** blanc. Les serviettes **sont** bleues.
Bullet Questions	1. Comment vas-tu? How are you? 2. Est-ce que ta chambre est petite ? Is your bedroom small? 3. Est-ce que ton lit est confortable ? Is your bed comfortable?
Pupil's Book	**Answers** 1. Mon canapé bleu est sur le plancher. 2. Ma chemise rouge est sur le fauteuil. 3. Ma souris blanche est sous le coussin. 4. Mes bonbons jaunes sont sur la table. 5. Mes chaises marron sont sous la table.
3:1 Everyone	**Worksheet** Numbers in French are unusual and sometimes difficult. Remember that there is no single French word for 70, 80 or 90. **70** = sixty ten (soixante-dix) **80** = four twenties (quatre-vingts) **90** = four twenty ten (quatre-vingt-dix)
	Answers 1. 1531 2. 3962 3. 7886 4. 8176 5. 4391 1. mille cent cinquante sept 2. sept mille cinq cent quatre-vingt-deux 3. huit mille six cent soixante-treize 4. deux mille quatre cent soixante et un 5. cinq mille neuf cent quatre-vingt-quinze
3:2 More able	**Worksheet** This exercise encourages descriptive writing. Don't forget the verb. (Children cannot be reminded often enough!) All the necessary vocabulary is provided at the top of the worksheet. Make sure all sentences are neatly written, begin with a capital letter and end in a full stop. The objects mentioned in each sentence can be coloured and labelled.
	Answers 1. Le nounours marron est dans le tiroir/sur l'étagère. 2. Le stylo bleu est dans la chaussure. 3. Le livre rouge est sous le tapis. 4. La chaussette verte est sur la chaise. 5. Les chaussures noires sont sous la chaise.
3:3 Relaxing	**Worksheet** Revision of prepositions and everyday words. Practise asking and answering questions in French. Oral work is valuable. The more practice listening to and speaking French, the better.
	Answers 1. devant/la télévision 2. sous/la chaise 3. dans/le tiroir 4. sur/la télévision 5. dans/la poche 6. sous/la chaise 7. derrière/le lit
Test Oral/written	**Revision of vocabulary** la casquette – cap la fenêtre – window la commode – chest/drawers le lit – bed le stylo – pen la porte – door

les nombres de 0 à 999

le vocabulaire

m **milliers** thousands	c **centaines** hundreds	d **dizaines** tens	u **unités** units
6 six thousand	**8** eight hundred	**5** and fifty	**9** nine
6 six mille	**8** huit cent	**5** cinquante	**9** neuf

✱ **Écris en chiffres.** Write each number in number form.

Exemple:
   neuf mille deux cent quarante-cinq

m	c	d	u
9	2	4	5

1. mille cinq cent trente et un
2. trois mille neuf cent soixante-deux
3. sept mille huit cent quatre-vingt-six
4. huit mille cent soixante-seize
5. quatre mille trois cent quatre-vingt-onze

✱ **Écris en lettres.** Write each number in word form.

Exemple
quatre mille huit cent vingt et un

m	c	d	u
4	8	2	1

1. ....
2. ....
3. ....
4. ....
5. ....

m	c	d	u
1	1	5	7
7	5	8	2
8	6	7	3
2	4	6	1
5	9	9	5

Décris l'image.

le vocabulaire		l'étagère (f) the shelf	le mur the wall	le tapis the rug	devant in front of
les baskets (f) the trainers	la chaussure the shoe	la lampe the lamp	le nounours the teddy	le tiroir the drawer	entre between
la chaise the chair	la chemise the shirt	le lit the bed	le stylo the pen	la télévision the television	sous under
la chaussette the sock	la commode chest of drawers	le livre the book	la table the table	dans in	sur on

Complète chaque phrase et n'oublie pas le verbe.
Complete each sentence and do not forget the verb. If time, label the picture.

Ex: La lampe jaune   *est sur l'étagère.*

1. Le nounours marron   ....

2. Le stylo bleu   ....

3. Le livre rouge   ....

4. La chaussette verte   ....

5. Les chaussures noires   ....

© Lucy Montgomery t/a Ecole Alouette 2005. This page may be photocopied for use within the purchasing institution only.

Réponds aux questions

le vocabulaire

☺ **sur** on	✪ **sous** under	⊙ **derrière** behind	☒ **devant** in front of	⌘ **dans** in
♊ **le lit** the bed	✾ **le tiroir** the drawer	▢ **la chaise** the chair	◯ **la télévision** the television	♓ **la poche** the pocket

Ex: Où **est** ta casquette?
Ma casquette *est* ☺ *sur* ♊ *le lit*

1. Où **est** ton classeur?
Mon classeur .... ☒ .... ◯ ....

2. Où **est** ta serviette?
Ma serviette .... ✪ .... ▢ ....

3. Où **est** ton livre?
Mon livre .... ⌘ .... ✾ ....

4. Où **est** ton stylo?
Mon stylo .... ☺ .... ◯ ....

5. Où **sont** tes clés?
Mes clés .... ⌘ .... ♓ ....

6. Où **sont** tes baskets?
Mes baskets .... ✪ .... ▢ ....

7. Où **sont** tes chaussettes?
Mes chaussettes .... ⊙ .... ♊ ....

Page 4 'les prépositions' - prepositions

Get Started	Explain to the children what a preposition is in English. Check they know all the vocabulary for today's lesson. Go over the pronunciation of all the prepositions in French. Remind the children that **est** = is (singular) and **sont** = are (plural)
Bullet Questions 💬	1. Est-ce que tu as des frères? Have you got any brothers? 2. Tu as des soeurs? Have you got any sisters? 3. Tu es enfant unique? Are you an only child? 4. Est-ce que tu as une souris? Have you got a mouse? 5. Est-ce que tu as un chat? Have you got a cat?

Pupil's Book	1. Ex : L'hippopotame est **sous** l'arbre.
	   1. La girafe est **derrière** la voiture. 4. Les zèbres sont **dans** le bus.
	   2. L'éléphant est **derrière** le bus. 5. Les singes sont **dans** la voiture.
	   3. Le lion est **sur** le bus.
	2. C'est un éléphant. C'est une girafe. C'est un singe.

4:1 Whole class	**Worksheet** Read out the sentences in French with the children to make sure they understand the vocabulary. Then ask the children to write the number of each picture in the box next to the correct description.
	Answers 11 8 4 9 6 3 10 7 2 5 1
4:2 More able	**Worksheet** This exercise is aimed at developing a sense of spacial awareness. Only the prepositions **derrière** and **entre** are used. Get the children to colour in the books on the shelf. Remind them that colours, in French, come <u>after</u> the word they describe. Example: le livre **violet** – the **purple** book
	Answers 1. Le livre jaune est **entre** le livre **bleu** et le livre **violet**. 2. Le livre orange est **entre** le livre **violet** et le livre **rouge**. 3. Le livre vert est **entre** le livre **rouge** et le livre **rose**. 1. ☑ 2. ☑ 3. ☒ 4. ☑ 5. ☑ 6. ☒ 7. ☑
4:3 Relaxing	**Worksheet** There are three graded options with this worksheet: **EASY:** Photocopy the sheet as it is with all the translations. **AVERAGE:** Typex® out the English translations. (Keep an original version) **DIFFICULT:** Typex® out all the vocabulary. (Keep an original version)
	Answers This revision exercise is self-explanatory.
Test Oral/written	**Revision of vocabulary** le serpent – snake la boîte – box la voiture – car la souris – mouse le livre - book l'arbre – tree

les prépositions

le vocabulaire

la boîte - the box	la souris - the mouse	dans - in	devant - in front of	sous - under
le serpent - snake	à côté de - next to	derrière - behind	entre - between	sur - on

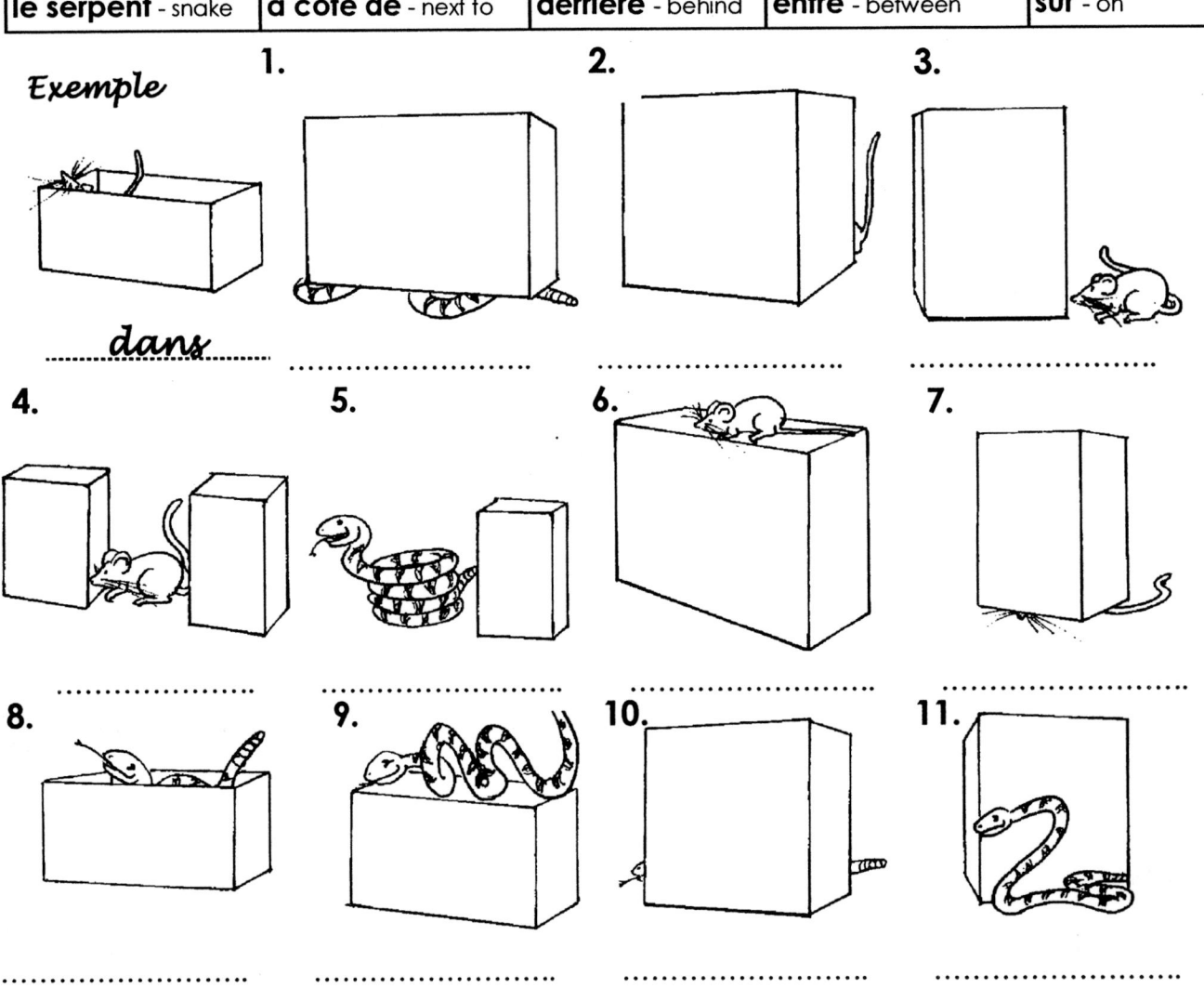

Écris le bon numéro dans la bonne case.
Write the number of the picture next to its correct description.

Ex.	La souris est **dans** la boîte.
	Le serpent est **devant** la boîte.
	Le serpent est **dans** la boîte.
	La souris est **entre** les boîtes.
	Le serpent est **sur** la boîte.
	La souris est **sur** la boîte.

	La souris est **à côté de** la boîte.
	Le serpent est **derrière** la boîte.
	La souris est **sous** la boîte.
	La souris est **derrière** la boîte.
	Le serpent est **à côté de** la boîte.
	Le serpent est **sous** la boîte.

Où sont les livres?

Réponds aux questions en utisant la préposition 'entre'.
Answer the questions using the preposition 'between'.

Ex : Où est le livre violet?

Le livre violet *est entre le livre jaune et le livre orange.*

1. Où est le livre jaune?

   Le livre jaune ....

2. Où est le livre orange ?

   Le livre orange..

3. Où est le livre vert?

   Le livre vert..

Coche la case si la phrase est vraie.
Tick the box if the sentence is true.

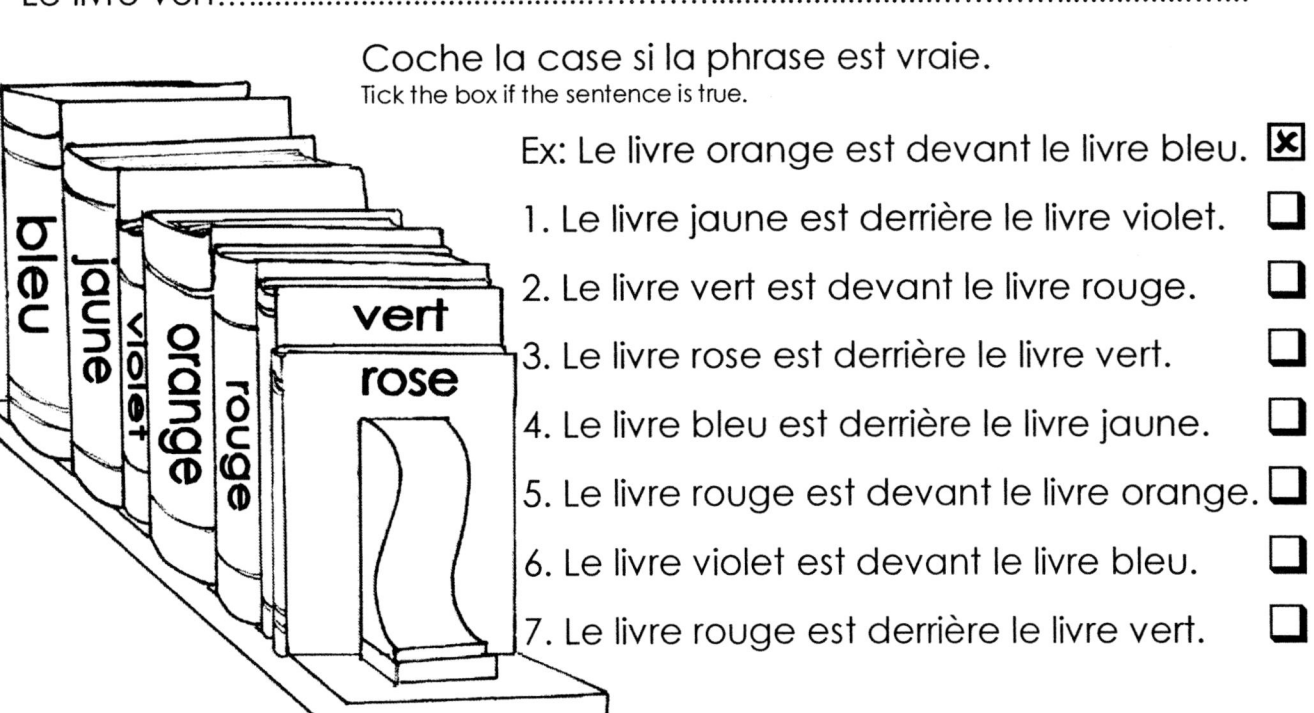

Ex: Le livre orange est devant le livre bleu. ☒

1. Le livre jaune est derrière le livre violet. ☐
2. Le livre vert est devant le livre rouge. ☐
3. Le livre rose est derrière le livre vert. ☐
4. Le livre bleu est derrière le livre jaune. ☐
5. Le livre rouge est devant le livre orange. ☐
6. Le livre violet est devant le livre bleu. ☐
7. Le livre rouge est derrière le livre vert. ☐

© Lucy Montgomery t/a Ecole Alouette 2005. This page may be photocopied for use within the purchasing institution only.

les révisions de la nourriture

le vocabulaire

le beurre the butter	le chocolat the chocolate	la glace the ice-cream	l'œuf the egg
le bonbon the sweet	la confiture the jam	le jambon the ham	le pain the bread
les céréales the cereal	les frites the chips	le lait the milk	les pâtes the pasta
les chips the crisps	le fromage the cheese	le miel the honey	le yaourt the yoghurt

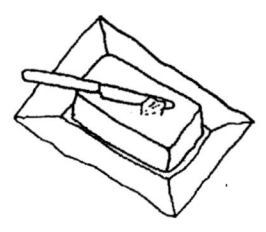   

....

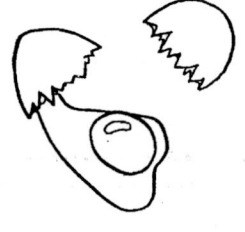 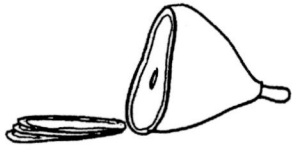 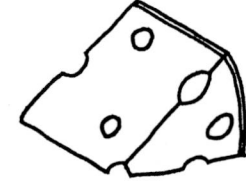 

....

 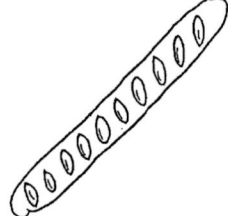  

....

....

Page 5 'les ordres' - orders

Get Started	Revise the 'possessive adjectives'. my **mon** (m), **ma** (f) your **ton** (m), **ta** (f) Check they know how to use the possessive adjective in French. Sophie says 'my dog…' Sophie dit '**mon** chien(m)…'
Bullet Questions	**Bullet questions** - quick firing questions 1. Comment t'appelles-tu? What are you called? 2. Quel âge as-tu? How old are you? 3. Combien de pouces as-tu? How many thumbs have you got? 4. Combien de nez as-tu? How many noses have you got?

Pupil's Book	**Worksheet**
	1a. Ouvrez vos livres. b. Levez-vous c. Taisez-vous
	  d. Ouvrez vos classeurs. e. Asseyez-vous. f. Dépêchez-vous.
	2 1. Ouvrez vos livres et écoutez bien. 2. Montrez-moi la porte.
	  3. Asseyez-vous et fermez vos classeurs.

5:1 Everyone	**Worksheet** Introducing some French geography. A few children have heard of Mont Blanc. Explain that this is the name of a mountain found in the Alps just as Mount Everest is found in the Himalayas.
	Answers This worksheet is self explanatory
5:2 More able	**Worksheet** Children find the question 'Combien de……y a-t-il?' difficult to remember. Here is a chance to practise asking questions, giving two different answers whilst revising fruit and vegetable vocabulary. NB **Il y a** can be translated as **There is** and **There are**
	Answers 1. Il y a quatre poires vertes. 2. Il y a deux citrons jaunes. 3. Il y a huit bananes jaunes. 4. Il y a cinq choux verts. 5. Il y a six carottes orange. 6. Il y a cinq tomates rouges. 7. Il y a quatre oignons marron.
5:3 Relaxing	**Worksheet** Work out the coded answers and answer the questions in English.
	Answers 1. **Nicolas** 2. **Nantes** 3. (neuf) **nine** 4. (une lettre) **a letter** 5. (à la gare) **at the station** 6. (mouette) **seagull** 7. **4721** 8. **39** Rue de la gare
Test Oral/written	**Revision of vocabulary** la chambre – bedroom la salle de bains – bathroom le salon – lounge la cuisine – kitchen la salle à manger – dining room

les montagnes de France

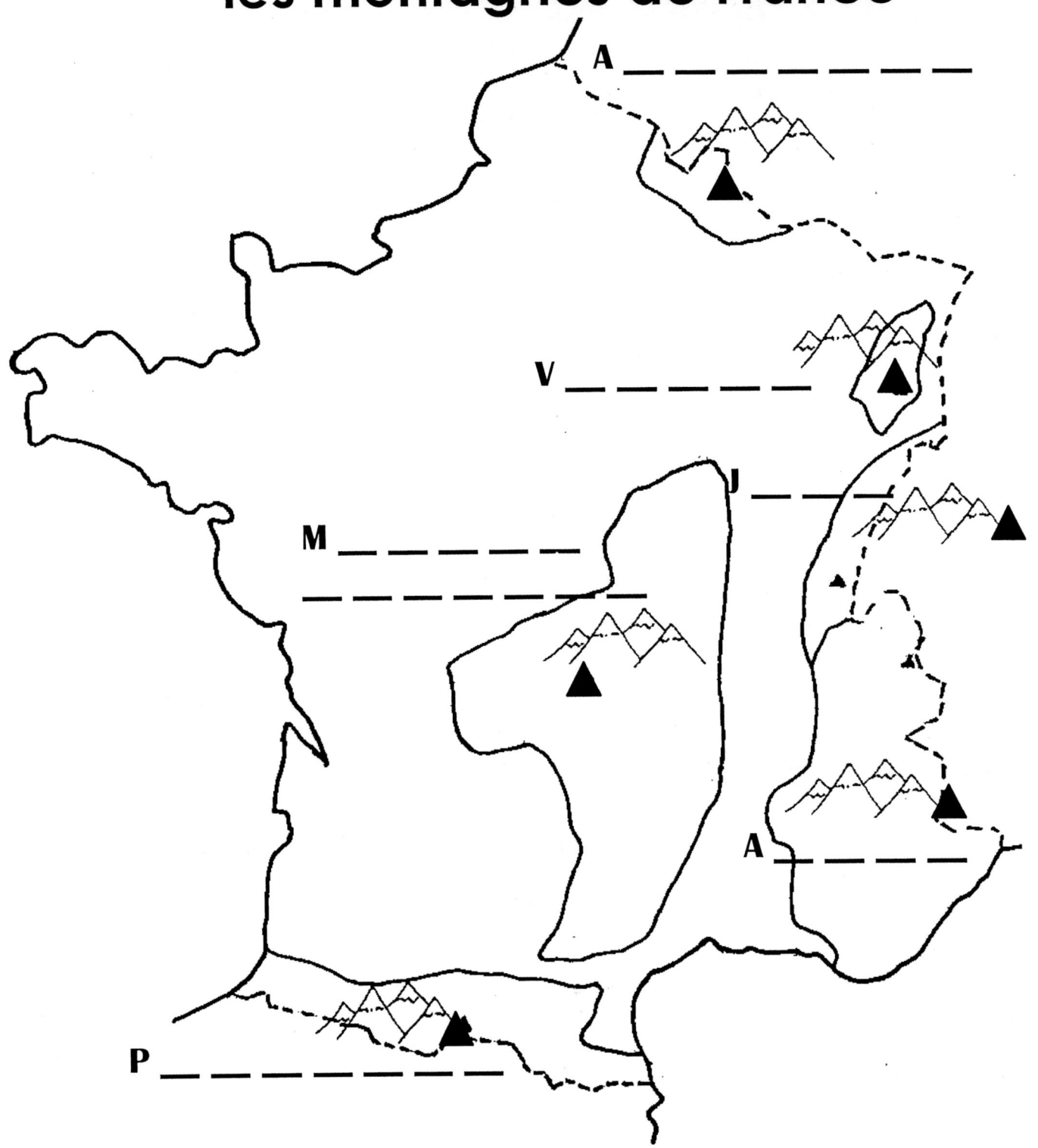

le **Massif Central** bleu	les **Alpes** jaune	les **Pyrénées** rose
les **Vosges** orange	le **Jura** vert	les **Ardennes** rouge

le marché

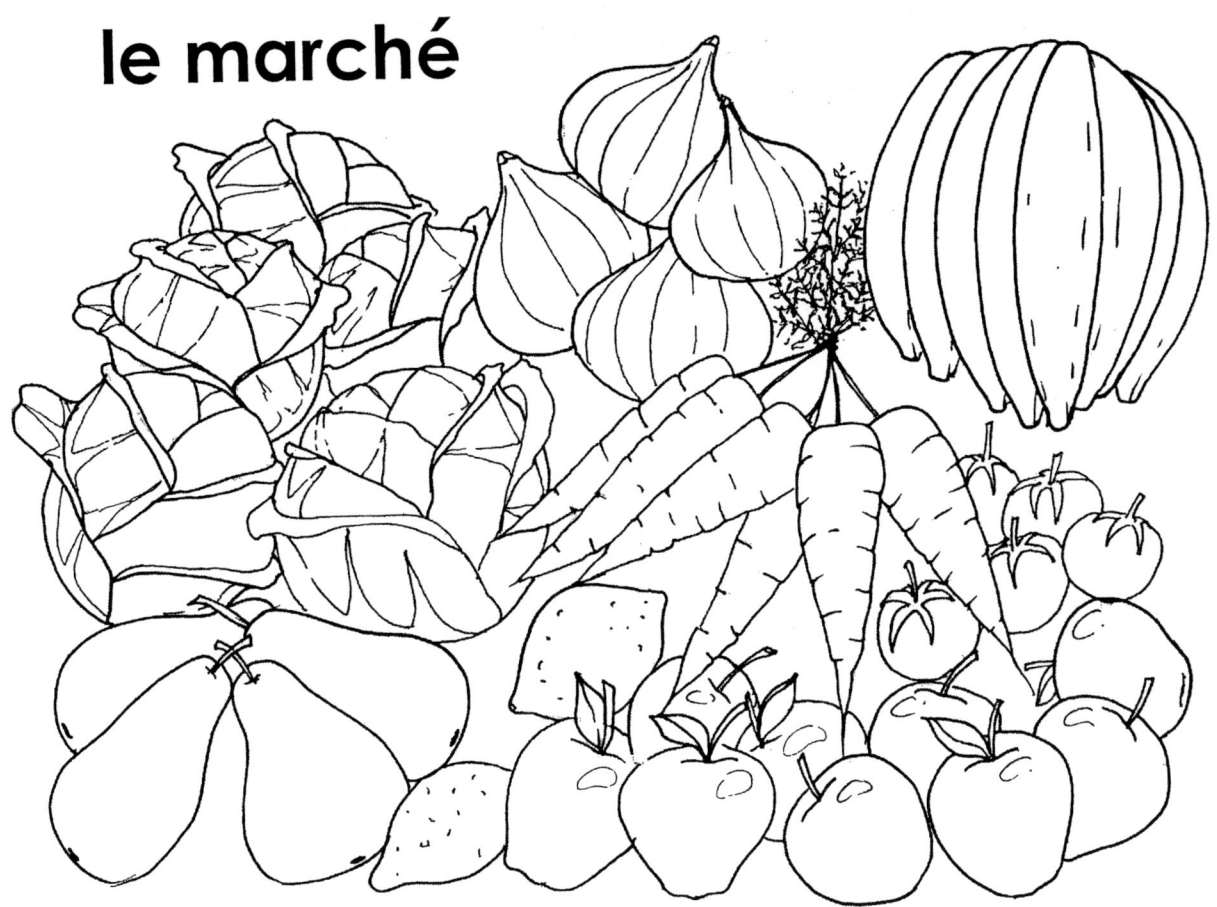

Colorie l'image et réponds aux questions. Colour the picture and answer the questions.
Commence chaque réponse avec : **Il y a**
Begin each answer with the words Il y a

Exemple: Combien de pommes rouges y a-t-il?
   Il y a neuf pommes rouges.

1. Combien de poires vertes y a-t-il?
   ....

2. Combien de citrons jaunes y a-t-il?
   ....

3. Combien de bananes jaunes y a-t-il?
   ....

4. Combien de choux verts y a-t-il?
   ....

5. Combien de carottes orange y a-t-il?
   ....

6. Combien de tomates rouges y a-t-il?
   ....

7. Combien d'oignons marron y a-t-il?
   ....

© Lucy Montgomery t/a Ecole Alouette 2005. This page may be photocopied for use within the purchasing institution only.

Je suis espion.

z	y	x	w	v	u	t	s	r	q	p	o	n
a	b	c	d	e	f	g	h	i	j	k	l	m

1	2	3	4	5	6	7	8	9
9	8	7	6	5	4	3	2	1

1. Quel est ton nom?   **mrxlozh**

2. Où habites-tu   **mzmgvh**

3. Quel âge as-tu?   **mvfu**

4. Qu'est-ce que tu cherches?   une **ovggiv**
   What are you looking for?

5. Où est la lettre?   à la **tziv**

6. Quel est ton nom codé?   **nlfvggv**

7. Quel est ton numéro codé?   **6389**

8. Quelle est ton adresse?   **71** Rue de la gare

Réponds aux questions <u>en anglais</u>. Answer the questions **in English**.

1. What's your name? ....
2. Where do you live? ....
3. How old are you? ....
4. What are you looking for? ....
5. Where is it? ....
6. What's your code name? ....
7. What's your code number? ....
8. What's your address? ....

© Lucy Montgomery t/a Ecole Alouette 2005. This page may be photocopied for use within the purchasing institution only.

loto

la fenêtre	la porte	le lavabo
le micro-ondes	le lit	la baignoire
la serviette	le frigo	le four

la commode	la table	la porte
le coussin	la chaise	la serviette
le plancher	la baignoire	le lavabo

le lit	la baignoire	la commode
le micro-ondes	le canapé	les toilettes
le frigo	la fenêtre	la machine à laver

la machine à laver	la serviette	la porte
le fauteuil	le lit	la fenêtre
les toilettes	le frigo	la table

le plancher	le micro-ondes	la table
le canapé	la chaise	la fenêtre
la commode	la baignoire	la serviette

le plancher	la serviette	la machine à laver
le frigo	le fauteuil	le canapé
la fenêtre	la table	le lavabo

la commode	le frigo	le coussin
la table	le fauteuil	le micro-ondes
le canapé	le four	les toilettes

le lavabo	le four	la serviette
la machine à laver	le lit	la chaise
la porte	le fauteuil	la commode

Teacher's check list
Cross off each word as you read it out.

sofa	chest of drawers	bed	floor	bath	fridge	oven	door	washing machine
toilet	armchair	window	microwave	cushion	basin	table	chair	towel

mots cachés

o	b	a	v	a	l	w	e	r	d	s	t
l	f	d	f	h	x	d	b	n	e	m	o
k	j	h	g	d	o	f	c	r	y	t	i
t	r	e	w	m	p	a	v	k	f	m	l
t	d	f	m	b	n	i	j	g	r	f	e
a	c	o	x	a	e	s	d	r	i	v	t
b	c	j	p	t	n	e	f	h	g	q	t
l	w	é	t	t	y	l	s	k	o	b	e
e	d	e	h	j	k	v	b	i	c	x	s
w	y	k	l	i	t	r	j	h	a	q	x
s	t	j	m	v	g	s	d	f	w	h	z
e	r	i	o	n	g	i	a	b	m	j	c

Écris le nom de chaque objet sous son dessin et trouve-le dans la grille.
Write the name of each object under its picture and find the word in the word search.

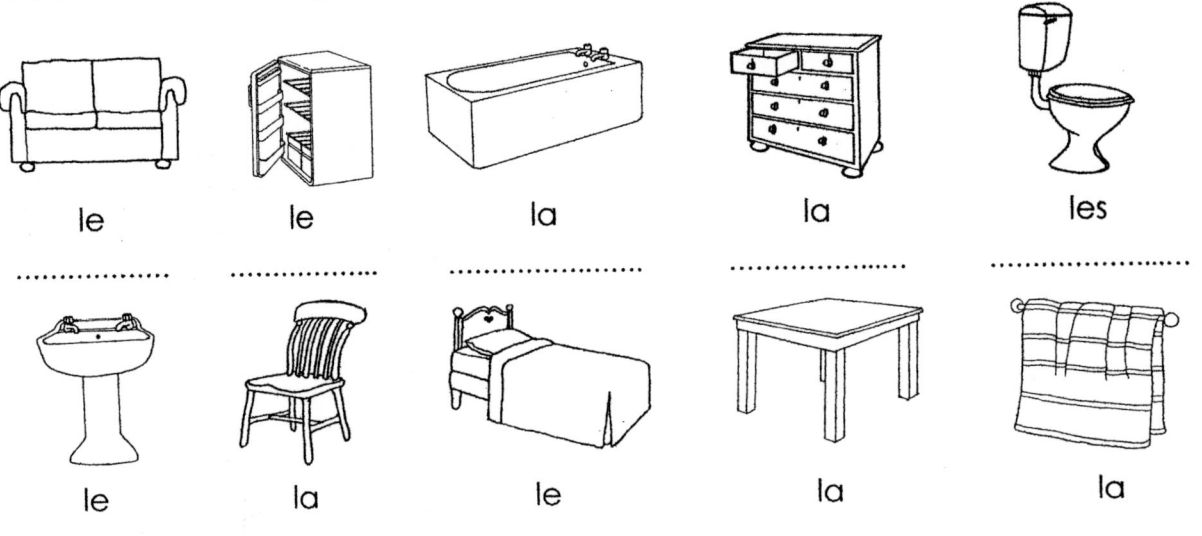

le .... le .... la .... la .... les ....

le .... la .... le .... la .... la ....

le vocabulaire

le lit	la table	la serviette	les toilettes	le frigo
le canapé	la commode	la baignoire	le lavabo	la chaise

© Lucy Montgomery t/a Ecole Alouette 2005. This page may be photocopied for use within the purchasing institution only.

les animaux

bilan

Traduis en français. (The vocabulary can be found on pgs 1, 2, & 3 of the pupil's book)

1. The cat is on the washing machine.
   ....

2. The horse is behind the car.
   ....

3. The dog is under the chair.
   ....

4. The rabbit is in front of the door.
   ....

5. The hamster is in the bed!
   ....

   5

Révision de vocabulaire

1. la machine à laver   4. le four   7. le micro-ondes

2. le frigo   5. la fenêtre   8. la porte

3. le lit   6. la chambre   9. la commode

   9

Écris la forme féminine des couleurs

1. violet   3. bleu   5. rouge

2. blanc   4. marron   6. vert

   6

Traduis en français.

1. my blue shirt (la chemise)   4. my black shoe (la chaussure)

2. my red coat (le manteau)   5. my purple jeans (le jean)

   5

3. my white sock (la chaussette)

TOTAL MARKS

25

© Lucy Montgomery t/a Ecole Alouette 2005. This page may be photocopied for use within the purchasing institution only.

Il y a un nounours

Il y a un nounours sous le lit
Il y a une souris sous le lit
Il y a une chaise derrière la porte
Il y a un chat derrière moi!

nounours	souris	chaise	chat

nounours	souris	chaise	chat

Il y a une assiette sur la table
Il y a une tasse sur la table
Il y a une fleur devant l'arbre
Il y a une oie devant l'arbre

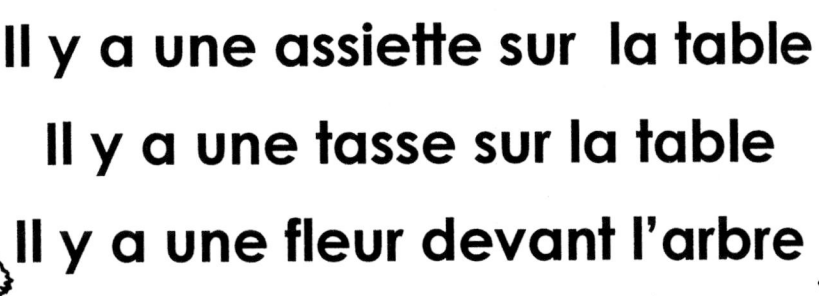

assiette	tasse	fleur	oie

assiette	tasse	fleur	oie

Repeat verse one

There's a teddy

There's a teddy under the bed
There's a mouse under the bed
There's a chair behind the door
There's a cat behind me!

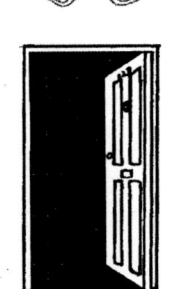

teddy	mouse	chair	cat

teddy	mouse	chair	cat

There's a plate on the table
There's a cup on the table
There's a flower in front of the tree
There's a goose in front of the tree

plate	cup	flower	goose
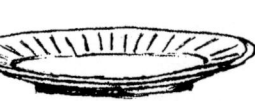			
plate	cup	flower	goose

Repeat verse one

© Lucy Montgomery t/a Ecole Alouette 2005. This page may be photocopied for use within the purchasing institution only.

This is a translation only. It does not necessarily fit the tune of the song.

Page 8 'Est-ce que' - forming a question

Get Started	Est-ce que before a sentence makes a question. Le riz est dans le placard. The rice is in the cupboard. **Est-ce que** le riz est dans le placard? Is the rice in the cupboard?. Don't forget **Est-ce que** becomes **Est-ce qu'** before a vowel.
Bullet Questions	**Bullet questions** - Quick firing questions. 1. Est-ce que tu as un hamster? Have you got a hamster? 2. Est-ce que tu as un chien? Have you got a dog? 3. Est-ce que tu as des frères? Have you got any brothers? 4. Est-ce que tu as des soeurs? Have you got any sisters?
Pupil's Book	**Answers** 2. 1. duck 2. spider 3. spider 4. duck 5. duck 6. spider 7. spider 8. spider
8:1 Everyone	**Worksheet** Looking at the main rivers and seas of France. This is a simple geography lesson but it is important that the children know something about the country as well as the language.
	Answers This worksheet is self-explanatory.
8:2 More able	**Worksheet** Being able to understand questions and know how to answer them is an important part of language learning. This exercise includes previously learned and new questions. Ask the children the same questions and get them to reply. If they wish to reply in the negative they need to say: **Non, je n'ai pas** - Non, I haven't **Non, je n'aime pas** - Non, I don't like
	Answers 1. Oui, j'ai quatre frères. 5. Oui, j'ai un chien et un chat. 2. Oui, j'ai neuf ans. 6. Oui, j'aime aller au cinéma. 3. Oui, j'aime les frites. 7. Oui, j'aime mon école. 4. Oui, j'aime jouer au tennis.
8:3 Relaxing	**Worksheet** Practise writing the initial letter of each word in French. The initial letters group together to form a French word. This is an excellent revision exercise.
	Answers 1. **chaise** chair 2. **frigo** fridge 3. **canapé** sofa 4. **lavabo** basin 5. **four** oven 6. **porte** door
Test Oral/written	**Revision of vocabulary** le chapeau – hat le bateau – boat le couteau – knife le cadeau – present le manteau – coat le drapeau – flag

les fleuves et les mers de France

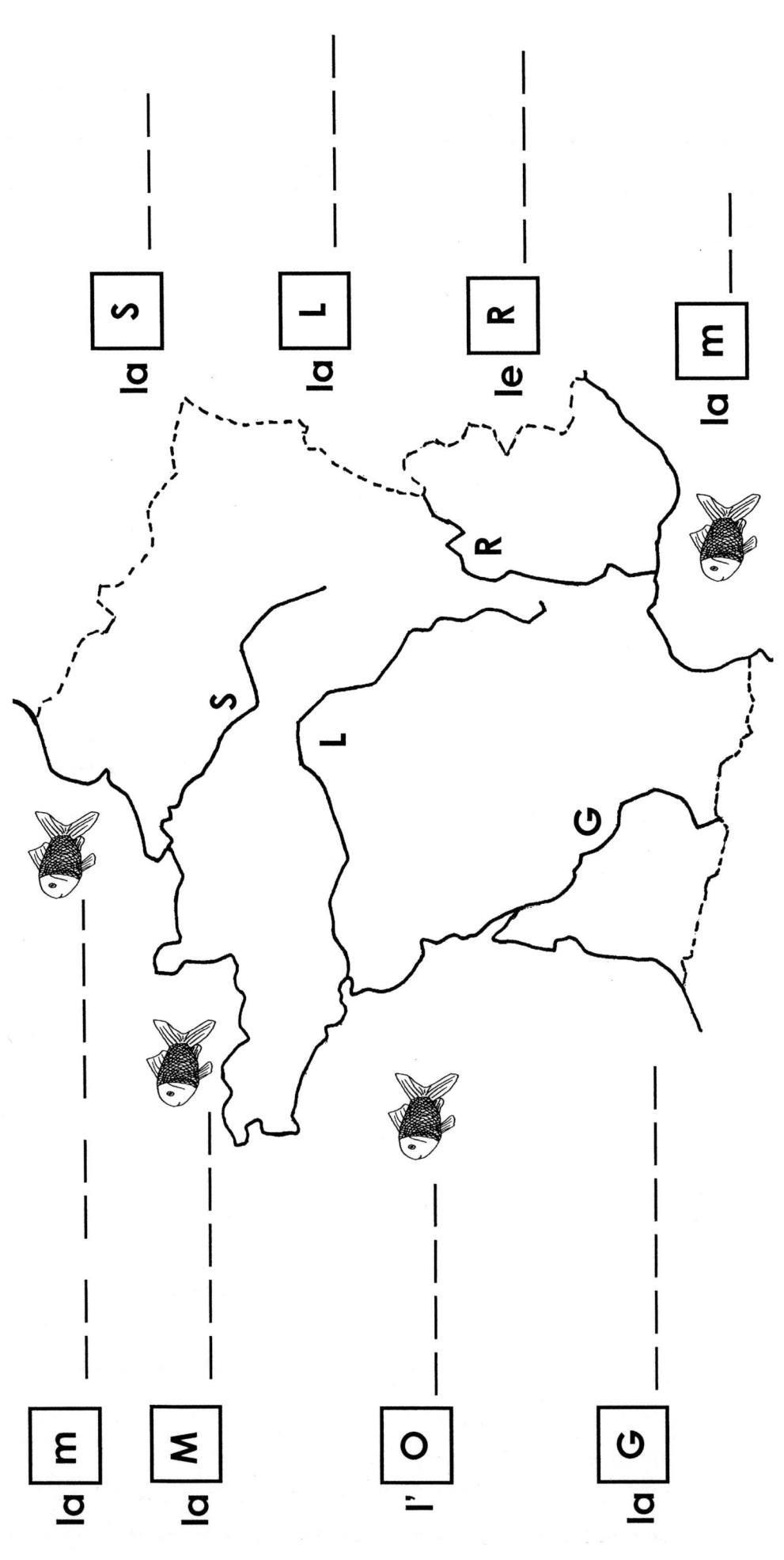

| la Seine | le Rhône | la mer Méditerranée | l'Océan Atlantique | la Manche | la mer du Nord | la Garonne | la Loire |

une interview avec Kevin

le vocabulaire

Oui, j'ai neuf ans.	Oui, j'aime aller au cinéma.	*Oui, j'habite à Lyon.*
Oui, j'ai quatre frères.	Oui, j'ai un chien et un chat.	Oui, j'aime jouer au tennis.
Oui, j'aime les frites.	Oui, j'aime mon école.	

Réponds aux questions.
Choose the correct answer from the options at the top of the page.

Exemple: Kevin, est-ce que tu habites à Lyon?
Oui, j'habite à Lyon.

1. Kevin, est-ce que tu as des frères?
   ....
2. Kevin, est-ce que tu as neuf ans?
   ....
3. Kevin, est-ce que tu aimes les frites?
   ....
4. Kevin, est-ce que tu aimes jouer (like playing) au tennis?
   ....
5. Kevin, est-ce que tu as un animal chez toi (at home)?
   ....
6. Kevin, est-ce que tu aimes aller (like going) au cinéma?
   ....
7. Kevin, est-ce que tu aimes ton école?
   ....

© Lucy Montgomery t/a Ecole Alouette 2005. This page may be photocopied for use within the purchasing institution only.

Trouve les letters et les mots.

Write the first letter of each French word represented by the pictures.

le vocabulaire	la carotte	l' empreinte	la glace	le livre	la poire	le train
l' abeille	l' avion	le chapeau	l' escargot	le hérisson	le nounours	le renard	l' univers
l' arbre	le bonbon	le cochon	la fleur	l' igloo	l' oignon	le soleil	la voiture

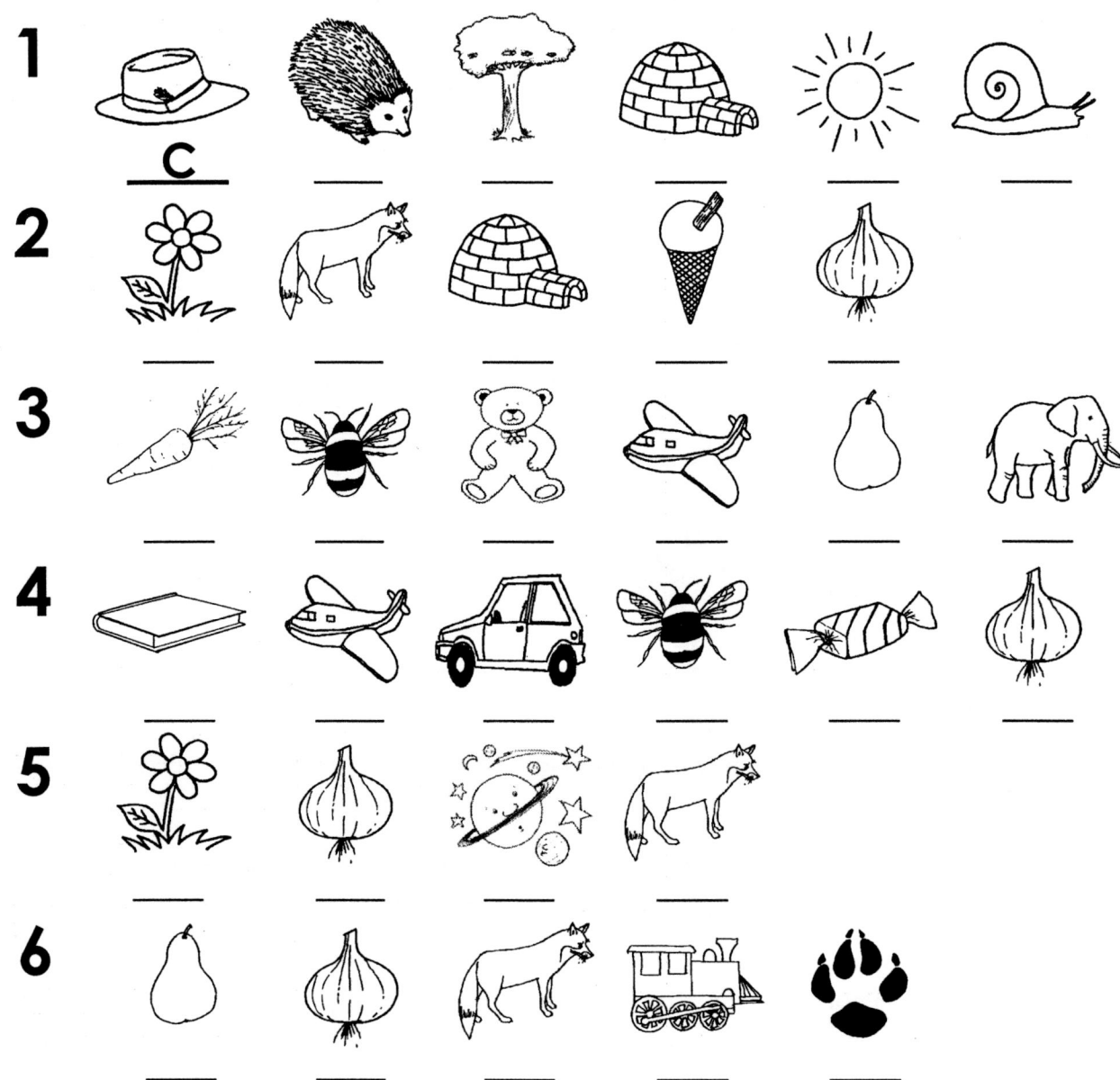

Écris les mots **en anglais**.

1. .... 4. ....

2. .... 5. ....

3. .... 6. ....

Page 9 'Est-ce que' (ii) – forming a question

Get Started

Est-ce que before a sentence makes a question.
  Tu as faim.   You are hungry.
Est-ce que Tu as faim?   Are you hungry?
Don't forget **Est-ce que** becomes **Est-ce qu'** before a vowel.

Bullet Questions

Bullet questions - Quick firing questions.
1. Combien de frères as-tu?   How many brothers have you got?
2. Combien de soeurs as-tu?   How many sisters have you got?
3. Combien d'ami(e)s as-tu?   How many friends have you got?
4. Combien de CD as-tu?   How many CDs have you got?

Pupil's Book

Answers
1. 1. Oui, j'ai chaud. 2. Non, je n'ai pas soif. 3. Oui, j'ai trois frères.
4. Non, je n'ai pas de soeurs. 5. Non, je n'ai pas d'animaux.
6. Non, je n'ai pas d'ordinateur dans ma chambre. 7. Oui, j'ai un vélo.
1. 20vingt 30trente 40quarante 50cinquante 60soixante 70soixante-dix

9:1 Everyone

Worksheet A revision exercise of general vocabulary.
Complete all the words and then write the number of the pictures which begin with the letters **b**, **m** and **c** in the boxes provided.

Answers
This exercise is self explanatory.
Words beginning with **b**   1 4 5 14
Words beginning with **m**   2 6 11 13
Words beginning with **c**   7 8 12 15

9:2 More able

Worksheet General questions are being asked.
The children should already be familiar with all these questions.
Choose the appropriate answer from the choice at the top of the page.

Answers
1. J'ai dix ans. 2. Oui, j'ai une sœur. 3. Non, je n'ai pas de frères.
4. Je m'appelle Valentin. 5. Je vais bien, merci. 6. Je vais à l'école.
7. Non, je n'ai pas de cheval. 8. Non, ça ne vas pas. 9. Non, elle est petite. 10. Mes yeux sont bleus. 11. C'est le seize mai.

9:3 Relaxing

Worksheet This is a brain teaser. Given that chocolate is 15 the children need to work out the value of each item of food.

Answers
le riz **4**   la confiture **5**   les frites **3**   la pizza **12**   les petit pois **2**
le chocolat **15**   le fromage **10**

Test Oral/written

Revision of vocabulary
la mer – sea   la poule – hen   le papillon – butterfly
le ballon - ball   la mouette – seagull   le mouton – sheep

Écoute bien les sons

le vocabulaire la mer   le miel   le soleil   le cochon
la carotte   le mouton   le ballon   la poule   le blaireau   le beurre
le crabe   la mouette   le papillon   le bateau   la voiture   le cadeau

1 le b..............	2 le m..............	3 le s..............	4 le b..............
5 le b..............	6 la m..............	7 le c..............	8 la c..............
9 la p..............	10 la v..............	11 la m..............	12 le c..............
13 le m..............	14 le b..............	15 le c..............	16 le p..............

Écris le numéro des images qui commence par la lettre **b**?

Écris le numéro des images qui commence par la lettre **m**?

Écris le numéro dés images qui commence par la lettre **c**?

© Lucy Montgomery t/a Ecole Alouette 2005. This page may be photocopied for use within the purchasing institution only.

Réponds aux questions.

All the answers to the questions are given.
Work in pairs and practise asking and answering the questions.
Keep the questions and answers relevant to you and your partner.

les réponses

Je vais bien, merci.	Oui, j'ai une sœur.	Non, ça ne va pas.	J'ai dix ans.
Je m'appelle Valentin.	Non, je n'ai pas de cheval.	*J'habite à Bordeaux.*	Je vais à l'école.
Mes yeux sont bleus.	Non, elle est petite.	C'est le seize mai.	Non, je n'ai pas de frères.

Exemple: Où habites-tu, Valentin?
J'habite à Bordeaux.

1. Quel âge as-tu, Valentin?
   ....

2. Est-ce que tu as des soeurs?
   ....

3. Est-ce que tu as des frères?
   ....

4. Comment tu t'appelles?
   ....

5. Comment vas-tu, Margaux?
   ....

6. Où vas-tu, Julien?
   ....

7. Est-ce que tu as un cheval, Emma?
   ....

8. Ça va, Margaux?
   ....

9. Est-ce que ta chambre* est grande? (*bedroom)
   ....

10. De quelle couleur sont tes yeux*? (*eyes)
    ....

11. C'est quand ton anniversaire?
    ....

© Lucy Montgomery t/a Ecole Alouette 2005. This page may be photocopied for use within the purchasing institution only.

les chiffres symboles

Remplace les symbols par les chiffres suivants: **2 3 4 5 10 12 15**

Replace the symbols (food) with the following numbers: **2 3 4 5 10 12 15** so that the sums make sense.
Don't forget that ÷ in French is written :

le riz	☐	la pizza	☐ ....
la confiture	☐	les petits pois	☐ ....
les frites	☐	le chocolat	**15** *quinze*
le fromage	☐		

🍫 = **quinze**

1. 🍟 × 🥤 = 🍫

2. 🍫 − 🧀 = 🥤

3. 🥤 − 🫛 = 🍟

4. 🥤 × 🫛 = 🧀

5. 🍕 − 🫛 = 🧀

6. 🍕 : 🍟 = 🍚

7. 🍟 × 🍚 = 🍕

© Lucy Montgomery t/a Ecole Alouette 2005. This page may be photocopied for use within the purchasing institution only.

Page 10 mes passe-temps - my hobbies

Get Started	Go through the pronunciation of the words and ask the question:- **Est-ce** que tu aimes/adore...? Do you like/love...? Answers: Oui, j'aime... Oui, j'adore... Non, je n'aime pas ... Non, je déteste ...
Bullet Questions	**Bullet questions** - Quick firing questions. 1. Qu'est-ce que c'est une rose? What's a rose? 2. Qu'est-ce que c'est un hibou (owl)? What's an owl? 3. Qu'est-ce que c'est une pomme? What's an apple? 4. Qu'est-ce que c'est une pomme de terre? What's a potato?
Pupil's Book	**Answers** 1. Oui, j'aime la natation. 2. Non, je n'aime pas la pêche. 3. Oui, j'adore la lecture. 4. Non, je n'aime pas le dessin. 5. Oui, j'aime le skate. 6. Non, je déteste la danse. 7. Oui, j'adore la nature. **28** vingt-huit **57** cinquante-sept **32** trente-deux **64** soixante-quatre **43** quarante-trois **79** soixante-dix-neuf
10:1 Everyone	**Worksheet** There are three graded options with this worksheet: **EASY:** Photocopy the sheet as it is with all the translations. **AVERAGE:** Typex® out the English translations. (Keep an original version) **DIFFICULT:** Typex® out all the vocabulary. (Keep an original version) The **l'** is for ease of pronunciation in the same way **an** is used in English. **l'**école (French) **an** apple (English)
	Answers This exercise is self explanatory.
10:2 More able	**Worksheet** Introduction to the expression 'avoir besoin de' (to need). The answers are not difficult but some of the vocabulary is unfamiliar.
	Answers 1. J'ai besoin d'**une piscine**. 2. J'ai besoin d'**un livre**. 3. J'ai besoin d'**un cheval**. 4. J'ai besoin de **musique**. 5. J'ai besoin d'**un crayon**. 6. J'ai besoin de **neige**. 7. J'ai besoin d'**un pinceau**. 8. J'ai besoin d'**une valise**. 9. J'ai besoin d'**un ballon**.
10:3 Relaxing	**Worksheet** This is a brain teaser. Each vertical and horizontal number can only be used once. Two of the four answers have already been given, the remaining two sums make up the full 100.

	Answers
	 1 x 9 = **9** 4 x 7 = **28** 3 x 5 = **15** 6 x 8 = **48**
	       9 + 28 + 15 + 48 = 100
	 1 x 2 = **2** 3 x 4 = **12** 5 x 6 = **30** 7 x 8 = **56**
	       2 + 12 + 30 + 56 = 100

Test Oral/written	**Revision of vocabulary** l'ami - friend l'escargot - snail l'école - school l'assiette - plate l'araignée - spider l'oeuf - egg

l'apostrophe

le vocabulaire

l'ordinateur(m) the computer	l'ami/amie the friend	l'avion(m) the aeroplane	l'usine(f) the factory
l'étoile(f) the star	l'arbre(m) the tree	l'ananas(m) the pineapple	l'éléphant(m) the elephant
l'école(f) the school	l'escargot(m) the snail	l'univers(m) the universe	l'araignée(f) the spider
l'église(f) the church	l'abeille(f) the bee	l'assiette(f) the plate	l'oeuf(m) the egg

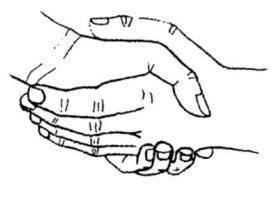

l' .... l' .... l' .... l' ....

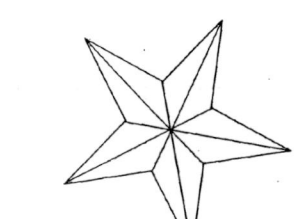

l' .... l' .... l' .... l' ....

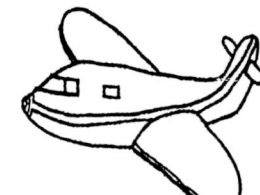

l' .... l' .... l' .... l' ....

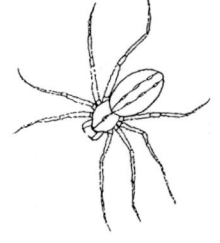

l' .... l' .... l' .... l' ....

© Lucy Montgomery t/a Ecole Alouette 2005. This page may be photocopied for use within the purchasing institution only.

J'ai besoin de... I need

Write what is needed in order to enjoy each activity/hobby.
Label each picture in French.

Vocabulaire

J'ai besoin d'une piscine.	J'ai besoin d'un ballon.	J'ai besoin d'un crayon.	J'ai besoin de neige.	J'ai besoin d'un livre.
I need a swimming pool.	I need a ball.	I need a pencil.	I need snow.	I need a book.
J'ai besoin d'un cheval.	*J'ai besoin d'une canne à pêche.*	J'ai besoin de musique.	J'ai besoin d'un pinceau.	J'ai besoin d'une valise.
I need a horse.	I need a fishing rod.	I need music.	I need a paintbrush.	I need a suitcase.

Ex: Je vais pêcher.
J'ai besoin d'une canne à pêche.   *une canne à pêche*

1. Je vais nager.
   ....

2. Je vais lire.
   ....

3. Je vais faire de l'équitation.
   ....

4. Je vais danser.
   ....

5. Je vais écrire.
   ....

6. Je vais skier.
   ....

7. Je vais peindre.
   ....

8. Je vais voyager.
   ....

9. Je vais jouer au football.
   ....

© Lucy Montgomery t/a Ecole Alouette 2005. This page may be photocopied for use within the purchasing institution only.

multiplication

Place a cross in two more multiplication squares so the combination of all four squares equals 100.
You can only use a vertical and horizontal number once.

Ex: X

	4 quatre	5 cinq	6 six	8 huit		
1 un				1 x 8 X	8	
2 deux		2 x 5 X			10 (8+10 = 18)	100 cent
7 sept	7 x 4 X				28 (18+28 = 46)	
9 neuf			9 x 6 X		54 (46+54 = 100)	

X

	5 cinq	7 sept	8 huit	9 neuf		
1 un				X 1 x 9	9	
3 trois					....	100 cent
4 quatre					....	
6 six			X 6 x 8		48	

X

	1 un	4 quatre	5 cinq	7 sept		
2 deux	X 2 x 1				2	
3 trois					....	100 cent
6 six			X 6 x 5		30	
8 huit					....	

© Lucy Montgomery t/a Ecole Alouette 2005. This page may be photocopied for use within the purchasing institution only.

Page 11 **mes passe-temps** - my hobbies

Get Started	A brief introduction to the negative. Make sure the children know which is the verb in each question. Je **n'**ai **pas de** frères. I have**n't any** brothers. Je **n'**ai **pas d'**ordinateur. I have**n't got a** computer.
Bullet Questions	**Bullet questions** - Quick firing questions. 1. Tu as un frère? Quel âge a-t-il? Have you got a brother? How old is he? 2. Tu as une soeur? Quel âge a-t-elle? Have you got a sister? How old is she? 3. Est-ce que tu aimes la lecture? Do you like reading? 4. Est-ce que tu aimes le dessin? Do you like drawing?
Pupil's Book	**Answers** 1. Oui, j'adore le sport. 2. Non, je n'aime pas la musique. 3. Oui, j'adore la nature. 4. Non, je déteste le tennis. 5. Oui, j'aime l'histoire. 6. Oui, j'adore les sciences. 7. Non, je n'aime pas les jeux vidéo. Dépêchez-vous. Taisez-vous. Fermez vos classeurs.

11:1 Everyone	**Worksheet** Revising the translation into French of **a** and **some** (several).
	Check the children know that: a for masculine words is **un**
	                                           a for feminine words is **une**
	                                           some for all words is **des**

	Answers 1. **une** étoile **des** étoiles 2. **un** escargot **des** escargots 3. **un** éléphant **des** éléphants 4. **un** ananas **des** ananas 5. **une** abeille **des** abeilles 6. **une** église **des** églises 7. **un** arbre **des** arbres 8. **un** œuf **des** œufs 9. **un/une** ami/amie **des** amis/amies 10. **un** avion **des** avions
11:2 More able	**Worksheet** Introduction to the negative. All the verbs in this exercise begin with a vowel so the **ne** becomes **n'**. Est-ce que tu as **des** frères? Have you got (any) brothers? Non, je **n'**ai **pas de** frères. No, I have**n't any** brothers.
	Answers 1. Non, je **n'**ai **pas de** frère. 2. Non, je **n'**ai **pas de** chien. 3. Non, il **n'**aime **pas** l'histoire. 4. Non je **n'**aime **pas** la musique. 5. Non, il **n'**aime **pas** le football. 6. Non, elle **n'**a **pas de** hamster. 7. Non, elle **n'**aime **pas** la pêche. 8. Non, il **n'**aime **pas** la natation. 9. Non, je **n'**ai **pas de** soeurs. 10. Non, je **n'**aime **pas** le skate.
11:3 Relaxing	**Worksheet** This worksheet is basic comprehension. When the children have finished they can ask the questions and give the answers. This will help fluency in spoken French.
	Answers 1. ✓ 2. ✗ 3. ✓ 4. ✓ 5. ✓ 6. ✓ 7. ✗ 8. ✗
Test Oral/written	**Revision of vocabulary** l'ordinateur – computer l'abeille – bee l'ananas – pineapple l'arbre – tree l'avion – aeroplane l'usine – factory

l'apostrophe

le vocabulaire

l'ordinateur(m) the computer	l'ami(m)/amie(f) the friend	l'avion(m) the aeroplane	l'usine(f) the factory
l'étoile(f) the star	l'arbre(m) the tree	l'ananas(m) the pineapple	l'éléphant(m) the elephant
l'école(f) the school	l'escargot(m) the snail	l'univers(m) the universe	l'araignée(f) the spider
l'église(f) the church	l'abeille(f) the bee	l'assiette(f) the plate	l'oeuf(m) the egg

Ex: a plate — some plate(s)
une assiette — **des assiette(s)**

1. a star — some stars
   .... étoile....

2. a snail — some snails
   .... escargot....

3. an elephant — some elephants
   .... éléphant....

4. a pineapple — some pineapples
   .... ananas

5. a bee — some bees
   .... abeille....

6. a church — some churches
   .... église....

7. a tree — some trees
   .... arbre....

8. an egg — some eggs
   .... oeuf....

9. a friend — some friends
   .... ami....

10. an aeroplane — some aeroplanes
    .... avion....

© Lucy Montgomery t/a Ecole Alouette 2005. This page may be photocopied for use within the purchasing institution only.

la forme négative

To make a sentence negative, in French, you add **ne** before the verb and **pas** after the verb.
If the verb begins with a vowel, the **ne** becomes n'.
In this exercise, all the verbs begin with a vowel.

Je n'aime pas	Je n'ai pas de
I don't like	I haven't got any/a
Il n'aime pas	Il n'a pas de
He doesn't like	He hasn't got any/a
Elle n'aime pas	Elle n'a pas de
She doesn't like	She hasn't got any/a

Exemple: Est-ce que ta sœur a dix ans? (Is your sister ten?)
(Literally: Has your sister ten years?)
Non, *elle n' a pas dix ans.*

1. Est-ce que tu as un frère?
   Non, ...

2. Est-ce que tu as un chien?
   Non, ...

3. Est-ce que ton ami aime l'histoire?
   Non, ...

4. Est-ce que tu aimes la musique?
   Non, ...

5. Est-ce que ton père aime le football?
   Non, ...

6. Est-ce que ton amie a un hamster?
   Non, ...

7. Est-ce que ta mère aime la pêche?
   Non, ...

8. Est-ce que ton frère aime la natation?
   Non, ...

9. Est-ce que tu as des soeurs?
   Non, ...

10. Est-ce que tu aimes le skate?
    ....

© Lucy Montgomery t/a Ecole Alouette 2005. This page may be photocopied for use within the purchasing institution only.

les passe-temps de Luc

Circle the tick, if Luc likes the hobby in question and the cross if he doesn't like the hobby.

Il aime/Il adore ☑   Il n'aime pas/Il déteste ☒

Entoure la vraie réponse. Circle the correct answer.

Exemple:
    Est-ce qu'il aime l'équitation?　　☑　(☒)

1. Est-ce qu'il aime le camping?　　☑　☒
2. Est-ce qu'il aime la télévision?　　☑　☒
3. Est-ce qu'il aime la pêche?　　☑　☒
4. Est-ce qu'il aime les jeux vidéo?　　☑　☒
5. Est-ce qu'il aime le skate?　　☑　☒
6. Est-ce qu'il aime la musique?　　☑　☒
7. Est-ce qu'il aime la natation?　　☑　☒
8. Est-ce qu'il aime la lecture?　　☑　☒

© Lucy Montgomery t/a Ecole Alouette 2005. This page may be photocopied for use within the purchasing institution only.

Page 12 <u>quel</u> et <u>préféré</u> - what and favourite

Get Started	Practise making the adjectives **quel** and **préféré** agree with the noun they describe. Check the children remember that **est** and **sont** are verbs

Bullet Questions	**Bullet questions** - Quick firing questions. 1. Quelle est ta couleur préférée? What's you favourite colour? 2. Quelle est ton équipe préférée? What's you favourite team? 3. Quel est ta chanson préférée? What's you favourite song? 4. Quel est ton bonbon préféré? What's you favourite sweet?

Pupil's Book	**Answers** 1. Mon sport préféré est le rubgy. 2. Mon animal préféré est le chien. 3. Ma matière préférée est le français. 4. Mon fruit préféré est la pomme. 5. Mon légume préféré est le chou-fleur. 6. Ma saison préférée est l'été. 7. Ma fleur préférée est la rose. (le cheval) **l'équitation** (le livre) **la lecture** (l'ordinateur) **les jeux vidéo** (le poisson) **la pêche** (la piscine) **la natation** (le piano) **la musique**

12:1 Everyone	**Worksheet** This worksheet is aimed at helping children learn the difference between singular and plural sentences. The adjectives need to agree with the noun they describe.
	Answers 1. **Les** coccinelle**s sont** petite**s**. 2. **Mes** amie**s sont** jolie**s**. 3. **Tes** fenêtre**s sont** ouverte**s**. 4. **Les** châteaux **sont** fermé**s**. 5. **Tes** mamie**s sont** vieille**s**. 6. **Mes** jupe**s sont** longue**s**. 7. **Tes** chaussette**s sont** courte**s**. 8. **Mes** frère**s sont** jeune**s**. 9. **Les** glace**s sont** froide**s**. 10. **Les** croissant**s sont** chaud**s**.

12:2 More able	**Worksheet** Quel and préféré are two very useful adjectives. They both need to agree with the word they describe.
	Answers 1. **Quelle** est **ta** matière préféré**e**. 2. **Quel** est **ton** passe-temps préféré? 3. **Quelle** est **ton** équipe préféré**e**? 4. **Quel** est **ton** jeu préféré? 5. **Quel** est **ton** livre préféré? 6. **Quel** est **ton** fruit préféré? 7. **Quelle** est **ta** couleur préféré**e**? 8. **Quelle** est **ton** histoire préféré**e**? 9. **Quel** est **ton** film préféré? 10. **Quelle** est **ta** fleur préféré**e**?

12:3 Relaxing	**Worksheet** This sheet helps build up vocabulary and is excellent for revision.
	Answers 1. la **pêche** 2. le **dessin** 3. la **nature** 4. le **tennis** 5. la **danse** 6. le **sport**

Test Oral/written	**Revision of vocabulary** J'ai faim. – I'm hungry. J'ai chaud. – I'm hot. J'ai très chaud. – I'm boiling. J'ai soif. – I'm thirsty. J'ai froid. – – I'm cold. J'ai très froid. – I'm freezing.

Écris au pluriel

Rewrite each sentence in the plural and underline the verbs.
Don't forget **est** (is) and **sont** (are) are both verbs.
The feminine of each adjective is written in brackets.

le vocabulaire	long (longue) - long	jeune (jeune) - young
grand (grande) - big	court (courte) - short	vieux (vieille) - old
petit (petite) - small/little	ouvert (ouverte) - open	froid (froide) - cold
joli (jolie) - pretty	fermé (fermée) - shut	chaud (chaude) - hot

Exemple: La maison <u>est</u> (grand).
<u>Les</u> maisons <u>sont</u> *grandes*.

1. La coccinelle est (petit).
   .... coccinelle.... sont ....

2. Mon amie est (joli).
   .... amie .... sont ....

3. Ta fenêtre est (ouvert).
   .... fenêtre.... sont ....

4. Le château est (fermé).
   .... château.... sont ....

5. Ta mamie est (vieux).
   .... mamie.... sont ....

6. Ma jupe est (long).
   .... jupe.... sont ....

7. Ta chaussette est (court).
   .... chaussette .... sont ....

8. Mon frère est (jeune).
   .... frère.... sont ....

9. La glace est (froid).
   .... glace.... sont ....

10. Le croissant est (chaud).
    .... croissant.... sont ....

© Lucy Montgomery t/a Ecole Alouette 2005. This page may be photocopied for use within the purchasing institution only.

quel(m) quelle (f) préféré(m) préférée(f)

Translate the questions.
Check to see if the words are masculine or feminine.

le vocabulaire

la fleur the flower	le livre the book	la couleur the colour	le film(m) the film	l'équipe*(f) the team
la matière the subject (school)	le fruit the fruit	le passe-temps the hobby	l'histoire*(f) the story	le jeu the game

Ex: What's your favourite sport(m)/music(f)?
Quel est *ton* sport *préféré?* (m)
Quelle est *ta* musique *préférée?* (f)

1. What's your favourite subject?
....
2. What's your favourite hobby?
....
3. What's your favourite team?
....
4. What's your favourite game?
....
5. What's your favourite book?
....
6. What's your favourite fruit?
....
7. What's your favourite colour?
....
8. What's your favourite story?
....
9. What's your favourite film?
....
10. What's your favourite flower?
....

* If a **feminin**e word begins with a **vowel,** you need to use the masculine word for 'your' (**ton**) to ease pronunciation.
Eg: **ton é**quipe(f) préférée, **ton é**mission(f) préférée

Trouve les lettres et écris les mots.

Write the first letter of each French word represented by the pictures.

le vocabulaire	l' empreinte	neuf	l' oeuf	le singe	la table
l' avion	le drapeau	le hérisson	le nounours	la pizza	le soleil	le train
la chaise	l' escargot	l' igloo	le nuage	le renard	la souris	l' univers

Écris les mots en anglais.

1. .... 4. ....

2. .... 5. ....

3. .... 6. ....

loto

la nature	la pêche	la musique
l' équitation	le dessin	la natation
l' histoire	le skate	la danse

la lecture	le français	la pêche
la matière	le dessin	l' histoire
les maths	le sport	la musique

le dessin	le sport	les sciences
l' équitation	l' équipe	l' anglais
le skate	la nature	les maths

la natation	l' histoire	la pêche
l' émission	la matière	la nature
l' anglais	le skate	le français

les maths	l' équitation	l' anglais
les sciences	l' équipe	la nature
la lecture	le sport	la matière

les maths	l' histoire	la natation
le skate	l' émission	les sciences
l' équipe	le français	la danse

la lecture	la musique	l' équipe
le français	l' émission	l' équitation
les sciences	la danse	l' anglais

la musique	la danse	le français
la natation	le dessin	le sport
la pêche	l' émission	la lecture

Teacher's check list
Cross off each word as you read it out.

swimming	drawing	skate boarding	dancing	nature	French	science	sport	team
riding	fishing	reading	music	history	English	maths	TV/radio programme	subject

© Lucy Montgomery t/a Ecole Alouette 2005. This page may be photocopied for use within the purchasing institution only.

mots cachés

q	d	f	v	b	n	c	x	r	d	q	é
m	w	l	u	x	c	e	z	e	v	m	q
d	e	l	g	d	o	f	r	u	d	e	u
g	r	a	u	t	c	u	l	a	g	r	i
f	u	b	m	b	t	k	n	n	r	u	t
q	t	t	x	a	z	s	i	r	e	t	a
y	c	o	n	m	e	p	f	h	h	n	t
t	e	o	r	a	m	l	s	k	c	i	i
k	l	f	h	a	t	v	b	i	ê	e	o
w	y	k	c	i	t	u	j	h	p	p	n
s	e	t	r	a	c	s	t	r	o	p	s
e	r	i	o	n	g	i	a	e	m	j	c

Écris le nom de chaque passe-temps et trouve-le dans la grille.
Write the name of each hobby under its picture and find it in the word search.

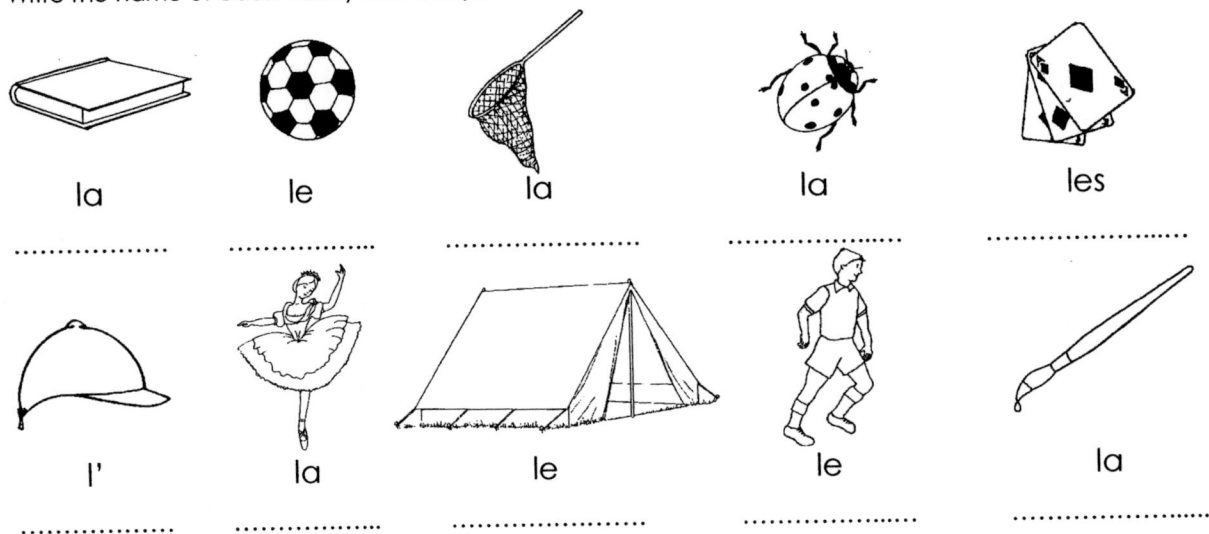

la ....   le ....   la ....   la ....   les ....

l' ....   la ....   le ....   le ....   la ....

le vocabulaire

l'équitation	la danse	le sport	les cartes	le camping
la nature	la lecture	la pêche	la peinture	le football

Je sais parler français.

 Est-ce que tu aimes les pommes?  Oui, j'aime les pommes.

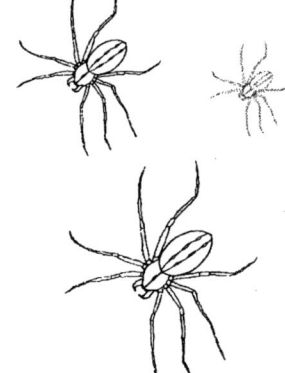 Est-ce que tu aimes les araignées?  Non, je n'aime pas les araignées.

 Est-ce que tu aimes les petits pois?  Non, je n'aime pas les petits pois.

 Est-ce que tu aimes aller au cinéma?  Oui, j'aime aller au cinéma.

 Est-ce que tu aimes regarder la télé?  Oui, j'aime regarder la télé.

bilan

Traduis en français.

1. I like swimming.
   ....

2. I adore reading.
   ....

3. I don't like riding.
   ....

4. I hate sport.
   ....

5. I don't like French.
   ....

5

Révision de vocabulaire

1. la natation   4. le dessin   7. l'anglais
   ....

2. la lecture   5. la peinture   8. le jeu
   ....

3. l'équitation   6. l'histoire   9. la pêche
   ....

9

Écris à la forme négative

1. J'ai   3. Il a   5. Il fait
   ....

2. J'aime   4. Il est   6. Elle adore
   ....

6

Traduis en français.

1. He hasn't got any brothers. (le frère)   4. I haven't got any sisters. (la soeur)
   ....

2. I haven't got a garden. (le jardin)   5. She hasn't got a horse. (le cheval)
   ....

5

3. I don't like camping. (le camping)
   ....   TOTAL MARKS _____

25

© Lucy Montgomery t/a Ecole Alouette 2005. This page may be photocopied for use within the purchasing institution only.

13:4

le Hokey Cokey

On met la main gauche en l'air
On met la main gauche par terre
En l'air, par terre
Bouge le derrière
On fait le Hokey Cokey
avec tous nos amis
Frappe les mains
et crie Youpi !

Oh! Hokey Cokey Cokey
Oh! Hokey Cokey Cokey
Oh! Hokey Cokey Cokey
Claque les doigts
et crie Youpi!

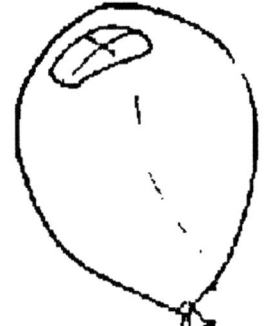
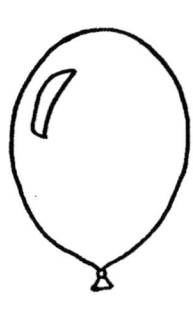

2. la jambe droite
3. le bras gauche
4. le pied droit

the Hokey Cokey

You put your left hand in the air
You put your left hand on the ground
In the air, on the ground
Wiggle your bottom
You do the Hokey Cokey
with all your friends
Clap your hands
and shout Yipee !

Oh! Hokey Cokey Cokey
Oh! Hokey Cokey Cokey
Oh! Hokey Cokey Cokey
Click your fingers
and shout Yipee!

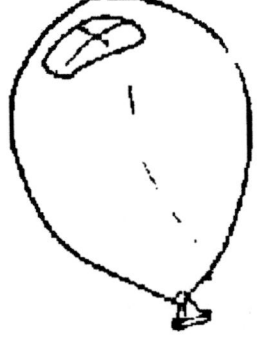

2. your right leg
3. your left arm
4. your right foot

© Lucy Montgomery t/a Ecole Alouette 2005. This page may be photocopied for use within the purchasing institution only.
This is a translation only. It does not necessarily fit the tune of the song.

Page 15 'le corps' - body

Get Started	Learning parts of the body and the French for left and right. Left and right are adjectives and need to agree with the noun they describe. A game of Simon says 'Jacques a dit' fits well with this lesson.
Bullet Questions	**Bullet questions** - Quick firing questions. 1. Jacques a dit 'touche la tête'. Simon says ' touch your head.' 2. Jacques a dit 'touche la jambe'. Simon says ' touch your leg.' 3. Jacques a dit 'touche la main'. Simon says ' touch your hand.' 4. Jacques a dit 'touche le bras'. Simon says ' touch your arm.'
Pupil's Book	**Answers** 1. Le pied **droit** de Marie est sur le coussin. 2. Le pied **gauche** de Sophie est dans l'eau. 3. La jambe **droite** de Théo est sur la chaise. 4. Le bras **gauche** de Théo est sur le fauteuil. 5. La main **droite** de Sophie est sur la baignoire. 1. ✓ 2. ✗ 3. ✓ 4. ✓ 5. ✗
15:1 Everyone	**Worksheet** This worksheet is aimed at helping children count accurately, spell French numbers and remember the plural.
	Answers 1. J'ai deux nez. 4. J'ai trois oreilles. 7. J'ai six bras. 2. J'ai deux têtes. 5. J'ai deux bouches. 8. J'ai cinq pieds. 3. J'ai cinq jambes. 6. J'ai six mains. 9. J'ai vingt doigts.
15:2 More able	**Worksheet** Revising the French for right and left. This could be turned into a game of 'Simon says' using the French words lève - raise, pose - put.
	Answers 1. Paul pose sa main droite sur un livre. 2. Mathilde pose son pied gauche sur un coussin. 3. Mathilde lève son bras gauche en l'air. 4. Paul pose sa main droite sous son lit. 5. Paul lève sa jambe droite en l'air. 6. Mathilde pose son pied gauche dans l'eau.
15:3 Relaxing	**Worksheet** Check the children remember the parts of the body in French.
	Answers This sheet is self-explanatory and helps build up vocabulary.
Test Oral/written	**Revision of vocabulary** sur - on dans - in derrière - behind sous - under devant - in front of entre - between

Monti, le monstre

le vocabulaire

les yeux the eyes	la main the hand	le doigt the finger	la jambe the leg
le pied the foot	la tête the head	l'oreille(f) the ear	le bras the arm
la bouche the mouth	le nez the nose	le genou the knee	le cou the neck

Réponds aux questions

Ex : Combien d'yeux as-tu,(have you got) Monti?   *J'ai neuf yeux.*   (J'ai = I have)

1. Combien de nez as-tu, Monti? ....
2. Combien de têtes as-tu, Monti? ....
3. Combien de jambes as-tu, Monti? ....
4. Combien d'oreilles as-tu, Monti ? ....
5. Combien de bouches as-tu, Monti? ....
6. Combien de mains as-tu, Monti? ....
7. Combien de bras as-tu, Monti? ....
8. Combien de pieds as-tu, Monti? ....
9. Combien de doigts as-tu, Monti? ....

© Lucy Montgomery t/a Ecole Alouette 2005. This page may be photocopied for use within the purchasing institution only.

Décris chaque image.
Write the correct sentence under each picture.

Mathilde lève son bras gauche en l'air.	Paul pose sa main droite sous son lit.
Paul pose sa main droite sur un livre.	Mathilde pose son pied gauche sur un coussin.
Mathilde pose son pied gauche dans l'eau.	Paul lève sa jambe droite en l'air.

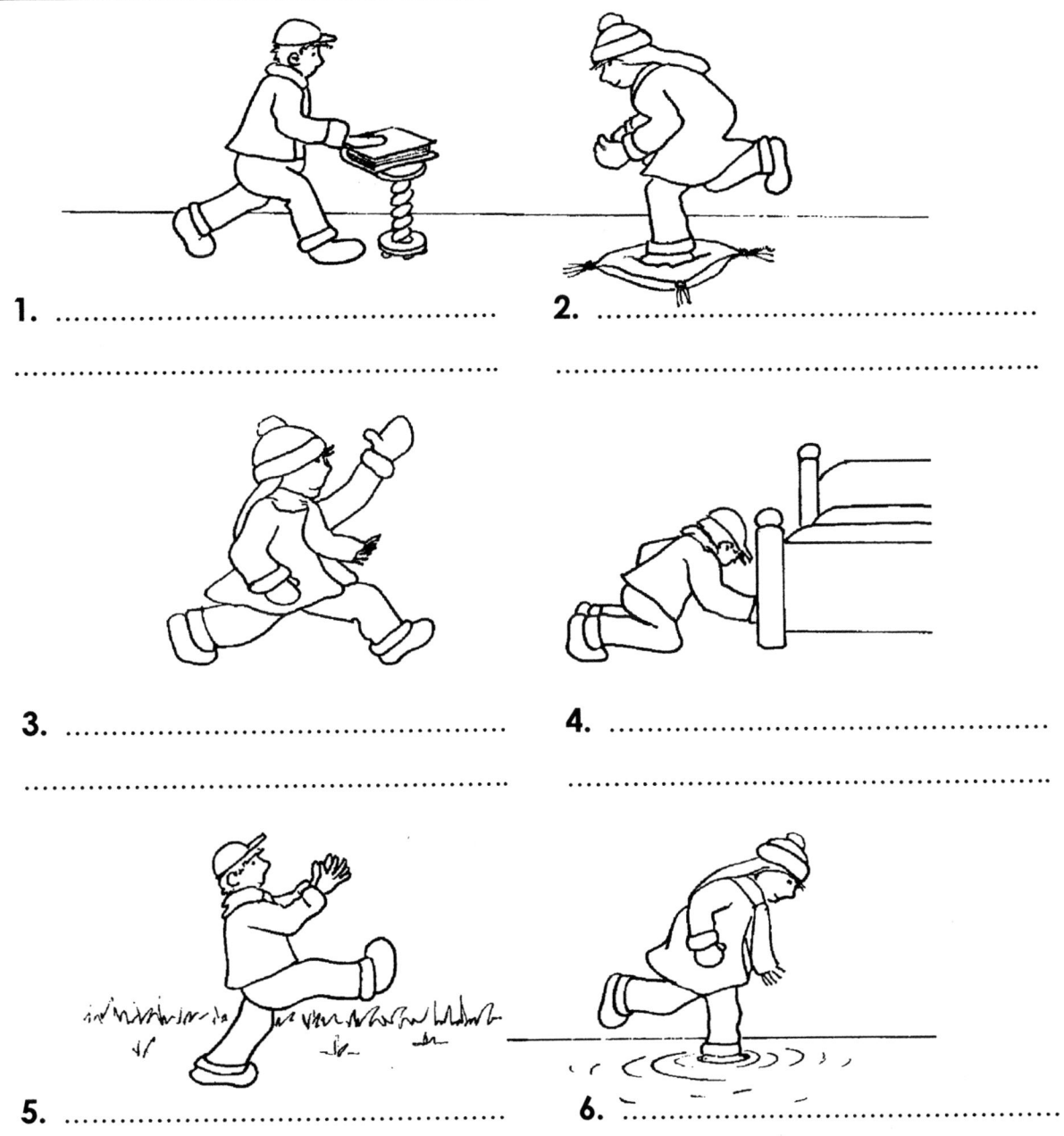

1. ....

2. ....

3. ....

4. ....

5. ....

6. ....

le vocabulaire		le pied - the foot	la main - the hand	l'eau - the water
lève - lifts	en l'air - in the air	la jambe - the leg	le lit - the bed	sur - on
pose - puts	le cousin - the cushion	le livre - the book	le bras - the arm	sous - under

© Lucy Montgomery t/a Ecole Alouette 2005. This page may be photocopied for use within the purchasing institution only.

le corps

le vocabulaire

la bouche - mouth
le bras - arm
les cheveux - hair
le coude - elbow

l'épaule(f) - shoulder
le genou - knee
la jambe - leg
la main - hand
le nez - nose

l'œil (les yeux) - eye(eyes)
l'oreille(f) - ear
le pied - foot
la tête - head
le ventre - tummy

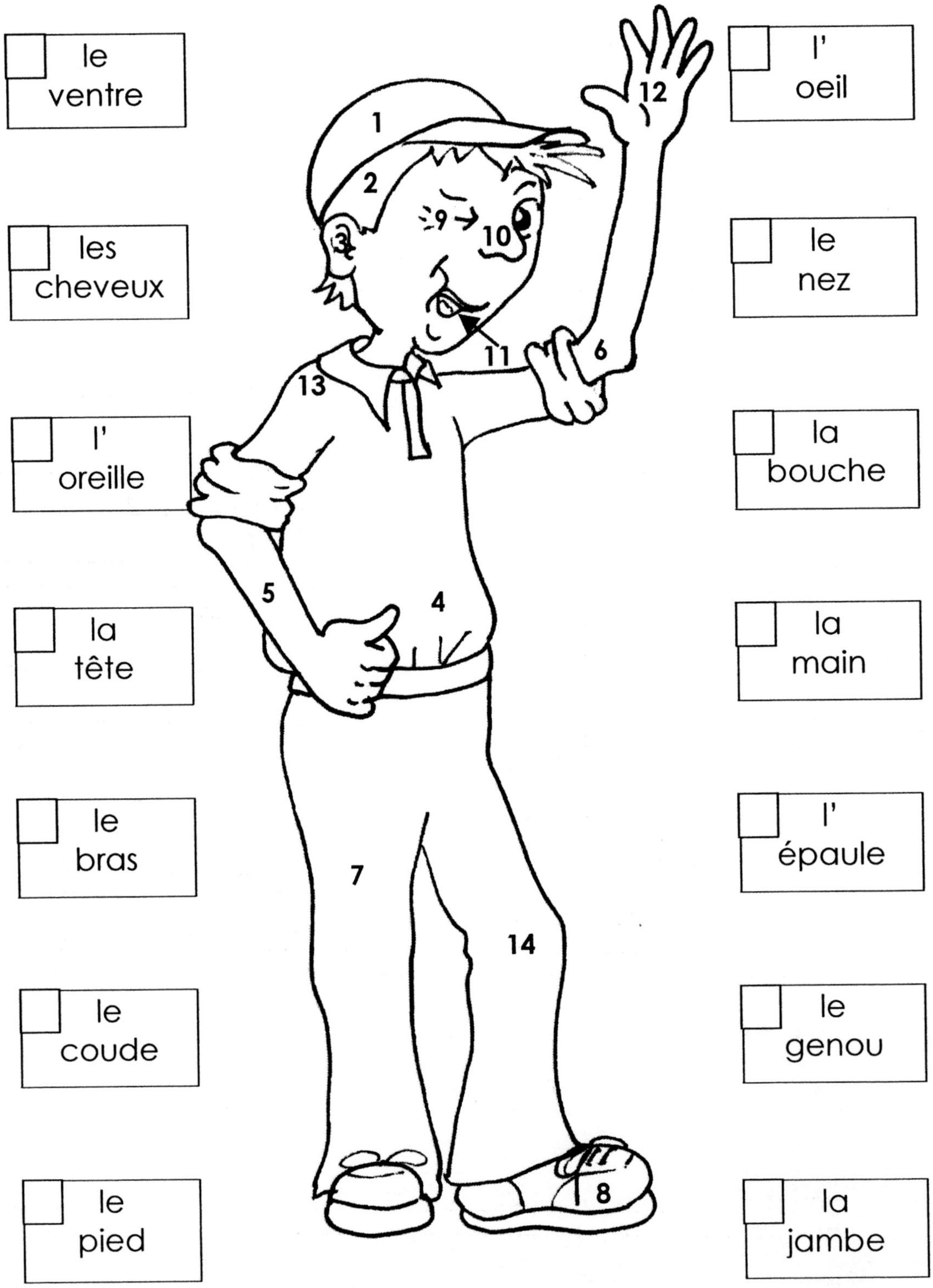

le ventre
les cheveux
l' oreille
la tête
le bras
le coude
le pied

l' oeil
le nez
la bouche
la main
l' épaule
le genou
la jambe

© Lucy Montgomery t/a Ecole Alouette 2005. This page may be photocopied for use within the purchasing institution only.

15:3

Page 16 les jours (i) - days

Get Started	Remind the children that days of the week in French do **NOT** begin with a capital letter. **Le** lundi, j'ai anglais. - On Monday**s**, I have English.
Bullet Questions 💬	**Bullet questions** - Quick firing questions. 1. Quelle est ta matière préférée? What's your favourite subject? 2. Est-ce que tu as maths le mardi? Do you have maths on Tuesdays? 3. Tu as anglais le mercredi? Do you have English on Wednesdays? 4. Est-ce que tu as sciences le jeudi? Do you have science on Thursdays?
Pupil's Book	**Answers** 1. Lundi, j'ai maths. 2. Mercredi, j'ai géographie. 3. Jeudi, j'ai informatique. 4. Vendredi, j'ai histoire. 5. Mardi, j'ai français. 6. Samedi, j'ai anglais.
16:1 Everyone	**Worksheet** This worksheet introduces the question: Où vas-tu? Where are you going? Je vais… - I'm going… Countries included in this worksheet are similar in name to the English apart from l'Allemagne - Germany l'Angleterre - England.
	Answers 1. France - Eiffel Tower 2. England - Big Ben 3. Italy – The Colosseum 4. Switzerland – Cuckoo Clock. 5. Germany – beer drinker 6. Denmark – The Little Mermaid 7. Spain – Castanets/fan.
16:2 More able	**Worksheet** The negative in French is quite straightforward. Je n'ai pas de - I haven't got any/a (**haven't any/a** or **hasn't any/a** is always followed by **de**, in French. Never **du, de la** or **des**) Je n'aime pas - I don't like (this does not have to be followed by **de**)
	Answers 1. Non, je n'ai pas de sœurs. 2. Non, je n'ai pas d'ordinateur chez moi. 3. Non, je n'ai pas de sèche-cheveux chez moi. 4. Non, je n'ai pas de calculatrice. 5. Non, je n'aime pas les frites. 6. Non, je n'ai pas de hamster chez moi. 7. Non, je n'aime pas les pâtes? 8. Non, je n'aime pas la mode. 9. Non, je n'aime pas le sport.
16:3 Relaxing	**Worksheet** This is a simple question and answer sheet. All the answers are given at the top of the page.
	Answers 1. jeudi 2. mercredi 3. vendredi 4. samedi 5. R 6. P 7. sept 8. cinq 9. trois 10. deux 11. vingt-six 12 six
Test Oral/written	**Revision of vocabulary** le nez - nose la main - hand la jambe – leg la bouche - mouth le bras - arm le pied - foot la tête - head les cheveux - hair

Où vas-tu?
Where are you going?

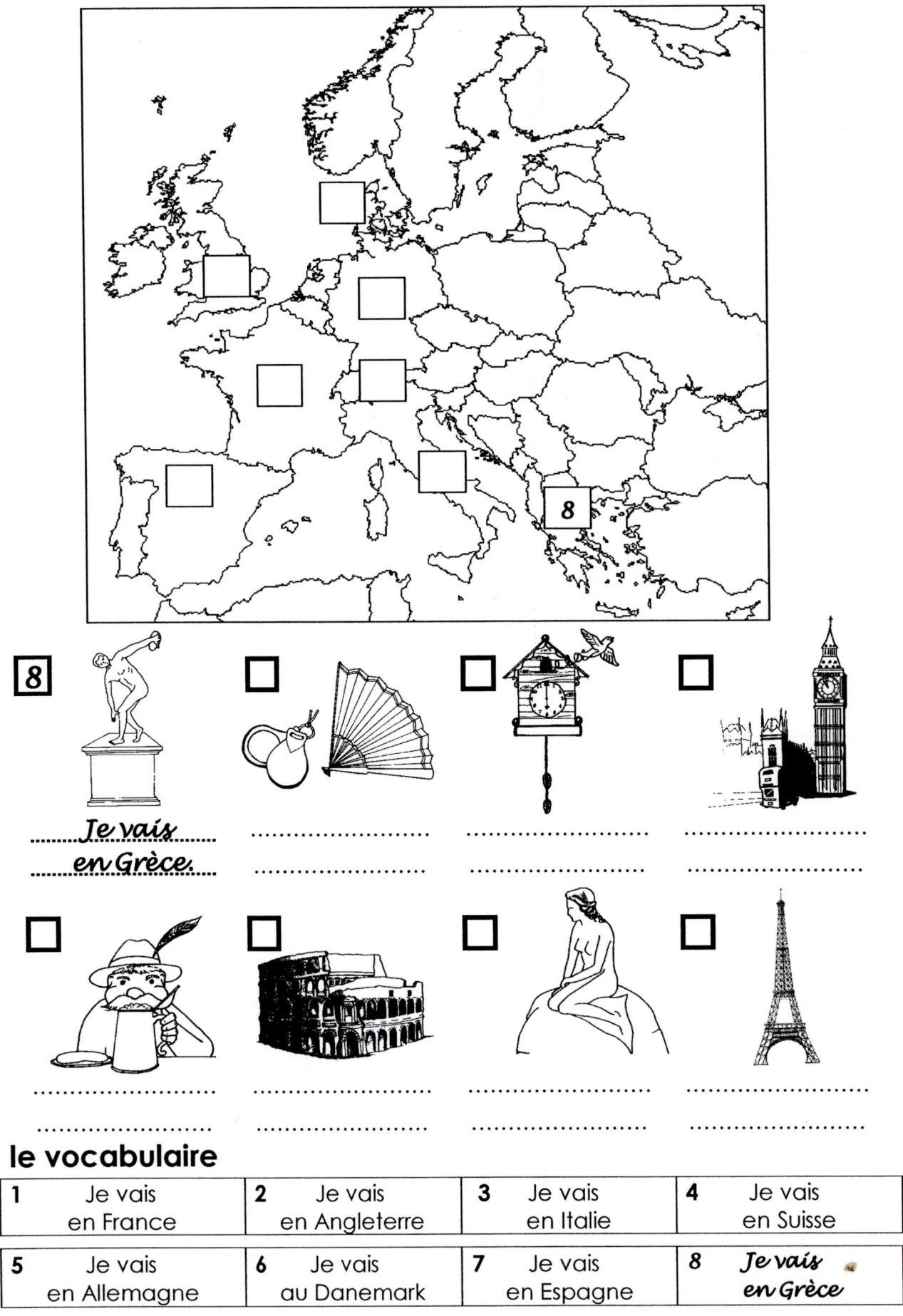

Je vais en Grèce.

le vocabulaire

1 Je vais en France	2 Je vais en Angleterre	3 Je vais en Italie	4 Je vais en Suisse
5 Je vais en Allemagne	6 Je vais au Danemark	7 Je vais en Espagne	8 *Je vais en Grèce*

Écris à la forme négative.

le vocabulaire		la calculatrice the calculator	la mode the fashion
Est-ce que tu as Have you got ...	Non, je **n'ai pas de** I haven't a/any ...	le frère/la soeur the brother/sister	les pâtes the pasta
Est-ce que tu aimes Do you like ...	Non, je **n'aime pas** I don't like ...	les frites the chips	l'ordinateur the computer

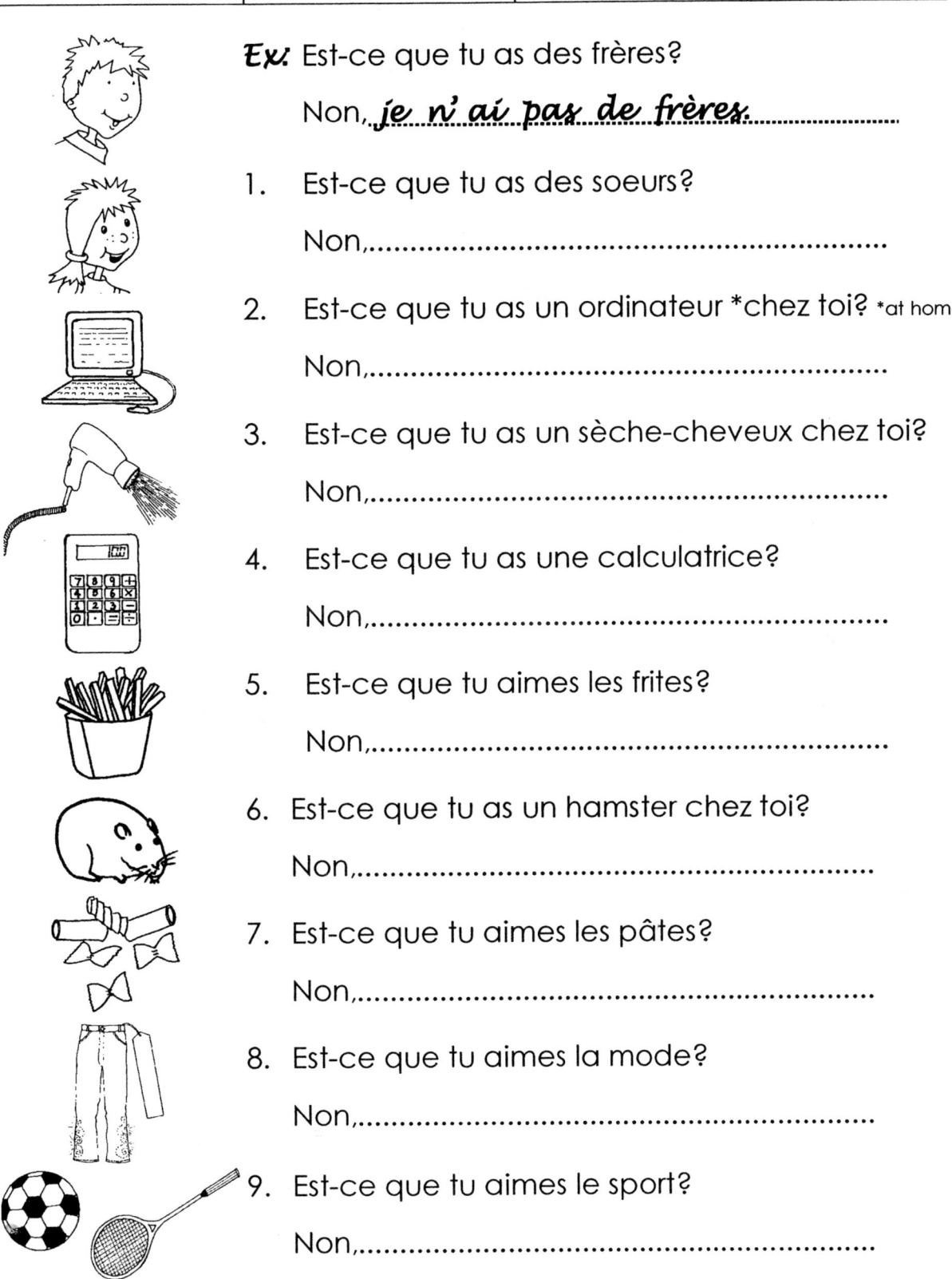

Ex: Est-ce que tu as des frères?

Non, *je n' ai pas de frères.*

1. Est-ce que tu as des soeurs?

   Non,..

2. Est-ce que tu as un ordinateur *chez toi? *at home

   Non,..

3. Est-ce que tu as un sèche-cheveux chez toi?

   Non,..

4. Est-ce que tu as une calculatrice?

   Non,..

5. Est-ce que tu aimes les frites?

   Non,..

6. Est-ce que tu as un hamster chez toi?

   Non,..

7. Est-ce que tu aimes les pâtes?

   Non,..

8. Est-ce que tu aimes la mode?

   Non,..

9. Est-ce que tu aimes le sport?

   Non,..

© Lucy Montgomery t/a Ecole Alouette 2005. This page may be photocopied for use within the purchasing institution only.

Quiz

les réponses

			deux	R
six	vendredi	mercredi	jeudi	samedi
P	trois	vingt-six	sept	cinq

Réponds aux questions avec les réponses ci-dessus.
Answer the questions choosing one of the answers above.

1. Quel est le quatrième jour de la semaine? ....
   (Lundi est le premier.)

2. Quel est le troisième jour de la semaine? ....
   (Lundi est le premier.)

3. Quel est le cinquième jour de la semaine? ....
   (Lundi est le premier.)

4. Quel est le premier jour du week-end? ....

5. Quelle est la dix-huitième lettre de l'alphabet? ....

6. Quelle est la seizième lettre de l'alphabet? ....

7. Combien de jours y a-t-il dans une semaine? ....

8. Combien de consonnes y a-t-il dans le mot **mercredi**? ....

9. Combien de voyelles y a-t-il dans le mot **vendredi**? ....

10. Combien de jours y a-t-il dans un week-end? ....

11. Combien de lettres y a-t-il dans l'alphabet? ....

12. Combien de voyelles y a-t-il dans l'alphabet français? ....

© Lucy Montgomery t/a Ecole Alouette 2005. This page may be photocopied for use within the purchasing institution only.

Page 17 le temps qui passe - as time goes by

Get Started	Remember, days of the week, in French begin with a small letter. **le** mercredi - on Wednesday**s** Practise these question and answers as children find them difficult. Combien de … y a-t-il? - How many… are there? Il y a (number + object) - There is/there are (number + object) There are two spellings for premier - first premier (m) première (f)
Bullet Questions	**Bullet questions** - Quick firing questions. 1. Combien de nez as-tu? How many noses have you got? 2. Combien de mains as-tu? How many hands have you got? 3. Combien de jambes as-tu? How many legs have you got? 4. Combien de doigts as-tu? How many fingers have you got?
Pupil's Book	**Answers** 1. Il y a douze mois dans une année. 2. Il y a sept jours dans une semaine. 3. Il y a cinquante-deux semaines dans une année.
17:1 Everyone	**Worksheet** There are three graded options with this worksheet: **EASY:** Photocopy the sheet as it is with all the translations. **AVERAGE:** Typex® out the English translations. (Keep an original version) **DIFFICULT:** Typex® out all the vocabulary. (Keep an original version)
	Answers This revision exercise is self-explanatory.
17:2 More able	**Worksheet** Remember, days of the week, in French begin with a small letter. Practise writing out the days of the week and remembering which days come before or after another day.
	Answers 1. mardi 2. vendredi 3. mercredi 4. dimanche 5. lundi 6. samedi 7. lundi 8. jeudi 9. mercredi 10. lundi 11. vendredi 12. samedi et dimanche
17:3 Relaxing	**Worksheet** Practise understanding the words **premier/première** 1st, **deuxième** 2nd, **troisième** 3rd, **quatrième** 4th etc
	Answers **s**amedi **j**eudi **m**ercredi **m**ardi **di**manche lundi **v**endredi Trouve le mot caché: **semaine** 2 + 6 + 10 = 18 3 + 6 + 9 = 18 4 + 6 + 8 = 18 5 + 6 + 7 = 18
Test Oral/written	**Revision of vocabulary** premier - 1st (m) cinquième - 5th deuxième - 2nd septième - 7th première - 1st (f) huitième - 8th sixième - 6th neuvième - 9th

les révisions des animaux

le cheval the horse	le cochon the pig	la poule the hen	le chien the dog
le hamster the hamster	le poisson the fish	le mouton the sheep	la vache the cow
le singe the monkey	le lion the lion	la souris the mouse	l'éléphant the elephant
le hippopotame the hippopotamus	le chat the cat	le lapin the rabbit	le zèbre the zebra

les jours de la semaine

Écris les sept jours de la semaine dans l'order.
Write the days of the week in order.

Lundi est le premier jour de la semaine.   Monday is the first day of the week

_ _ _ _ _ _   _ _ _ _ _   _ _ _ _ _ _ _ _

_ _ _ _ _   _ _ _ _ _ _ _

_ _ _ _ _ _ _   _ _ _ _ _ _ _ _

Réponds aux questions.   Answer the questions.

1. Quel est le **deux**ième jour de la semaine? ....

2. Quel est le **cinq**uième jour de la semaine? ....

3. Quel est le **trois**ième jour de la semaine? ....

4. Quel est le **sept**ième jour de la semaine? ....

5. Quel est le premier jour de la semaine? ....

6. Quel jour vient après (comes after) vendredi? ....

7. Quel jour vient après dimanche? ....

8. Quel jour vient après mercredi? ....

9. Quel jour vient avant (comes before) jeudi? ....

10. Quel jour vient avant mardi? ....

11. Quel jour vient avant samedi? ....

12. Quels sont les jours du week end? ....

....

© Lucy Montgomery t/a Ecole Alouette 2005. This page may be photocopied for use within the purchasing institution only.

Trouve le mot caché

Lundi est le premier jour de la semaine.

sixième jour
quatrième jour
troisième jour
deuxième jour
septième jour
premier jour
cinquième jour

le mot caché __ __ __ __ __ __ __

la pieuvre magique

Using the numbers **2 3 4 5 6 7 8 9 10** complete the magic octopus by making the numbers in the identical shapes **plus** the middle number add up to 18. Each number can only be used once.

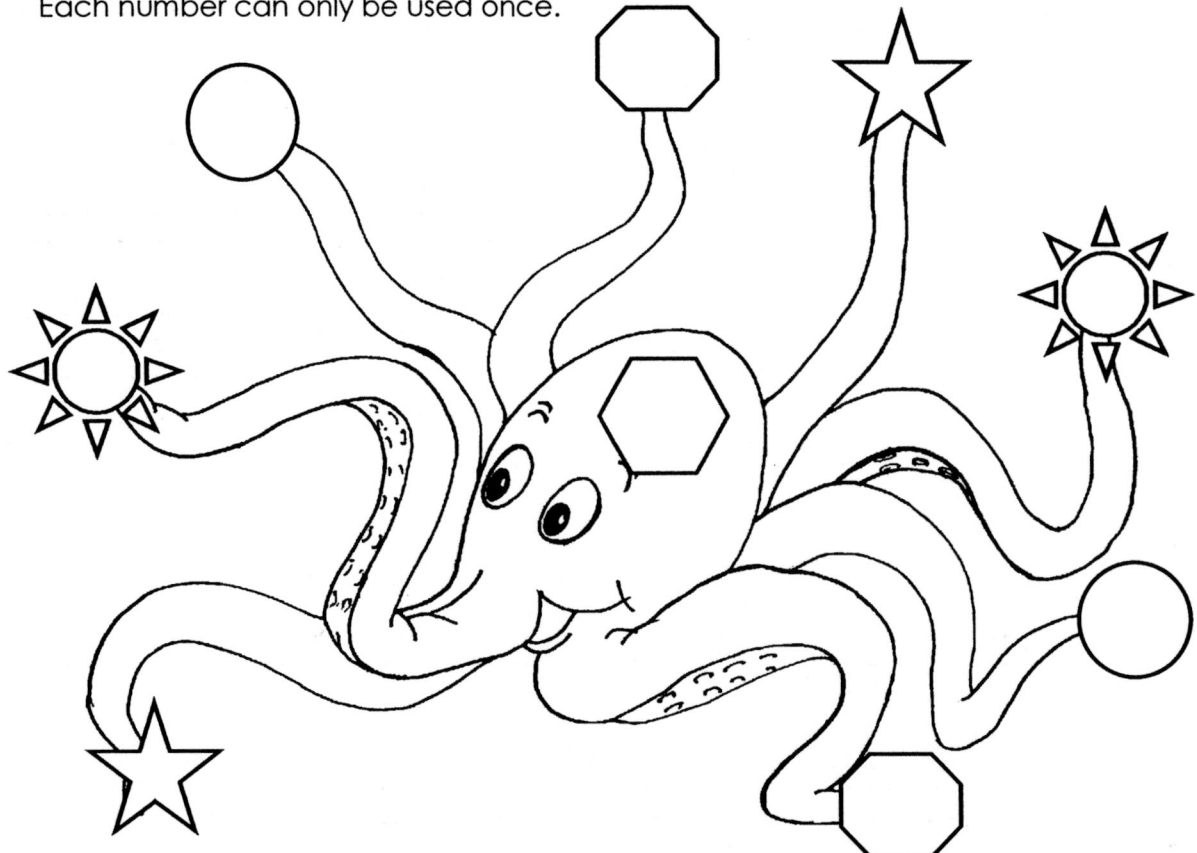

Page 18 'Quelle heure est-il?' - What's the time?

Get Started	Time is introduced in this chapter. To make sure it is thoroughly learned we have only included 'o'clock' at this stage. Check the children know how to spell numbers 1 – 12 in French.
Bullet Questions 	**Bullet questions** - Quick firing questions. 1. Quel est le deuxième jour de la semaine? What's the 2nd day of the week. 2. Quel est le septième jour de la semaine? What's the 7th day of the week. 3. Quel est le quatrième jour de la semaine? What's the 4th day of the week. 4. Quel est le premier jour de la semaine? What's the 1st day of the week.
Pupil's Book	**Answers** 1. La fête commence à quatre heures. 2. L'émission commence à une heure. 3. Le spectacle commence à midi. 1. Il est **six** heures. 2. Il est **deux** heures. 3. Il est **sept** heures. 4. Il est **neuf** heures. 5. Il est **trois** heures. 6. Il est **onze** heures.
18:1 Everyone	**Worksheet** There are three graded options with this worksheet: EASY: Photocopy the sheet as it is with all the translations. AVERAGE: Typex® out the English translations. (Keep an original version) DIFFICULT: Typex® out all the vocabulary. (Keep an original version)
	Answers This revision exercise is self-explanatory.
18:2 More able	**Worksheet** Go over all the questions and answers in French before asking the children to complete the exercise. All the answers are given at the bottom of the page so there should be no problems in answering correctly and accurately.
	Answers 1. J'ai trente-sept ans. 5. Le drapeau français est bleu, blanc et rouge. 2. La capitale de la Russie est Moscou. 6. Oui, j'aime les bananes. 3. Je m'appelle Quentin. 7. Le match de foot commence à une heure. 4. Oui, je vais au cinéma en vélo. 8. La tour Eiffel se trouve à Paris.
18:3 Relaxing	**Worksheet** A test of geography. Make sure the children know the number plate initials of each of the countries mentioned in this worksheet.
	Answers CH la Suisse F la France A l'Autriche E l'Espagne D l'Allemagne S la Suède PL la Pologne I l'Italie
Test Oral/written	**Revision of vocabulary** le hérisson - hedgehog le papillon - butterfly l'oiseau - bird le renard - fox le blaireau - badger l'araignée - spider

la campagne

le vocabulaire

l'arbre(m) the tree	le champ the field	le papillon the butterfly	la taupe the mole
le hérisson(f) the hedgehog	le renard the fox	l'abeille the bee	l'oiseau the bird
la fleur the flower	le bois the wood	le blaireau the badger	l'araignée(f) the spider
la rivière the river	le lièvre the hare	le champignon the mushroom	la toile the spider's web

....

....

   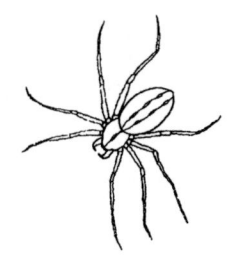

....

....

© Lucy Montgomery t/a Ecole Alouette 2005. This page may be photocopied for use within the purchasing institution only.

Réponds aux questions.

Exemple : À quelle heure commence le concert?
Le concert commence à huit heures.

1. Quel âge as-tu ?
   ....

2. Quelle est la capitale de la Russie?
   ....

3. Comment t'appelles-tu?
   ....

4. Est-ce que tu vas au cinéma en vélo?
   ....

5. De quelle couleur est le drapeau français?
   ....

6. Est-ce que tu aimes les bananes?
   ....

7. À quelle heure commence le match de foot?
   ....

8. Où se trouve la tour Eiffel?
   ....

J'ai trente-sept ans.

Le concert commence à huit heures.

Le drapeau français est bleu, blanc et rouge.

La tour Eiffel se trouve à Paris.

Oui, je vais au cinéma en vélo.

Oui, j'aime les bananes.

Le match de foot commence à une heure.

Je m'appelle Quentin.

La capitale de la Russie est Moscou.

© Lucy Montgomery t/a Ecole Alouette 2005. This page may be photocopied for use within the purchasing institution only.

Plaques mystères

le vocabulaire

l'Allemagne Germany	la Suisse Switzerland	la France France	l'Italie Italy
la Suède Sweden	l'Autriche Austria	l'Espagne Spain	la Pologne Poland

CH vert ....

F bleu ....

A jaune ....

E orange ....

D violet ....

S rouge ....

PL rose ....

I marron ....

Write the letters of each country in the correct boxes on the map of Europe and colour the countries according to the colours indicated in each oval.

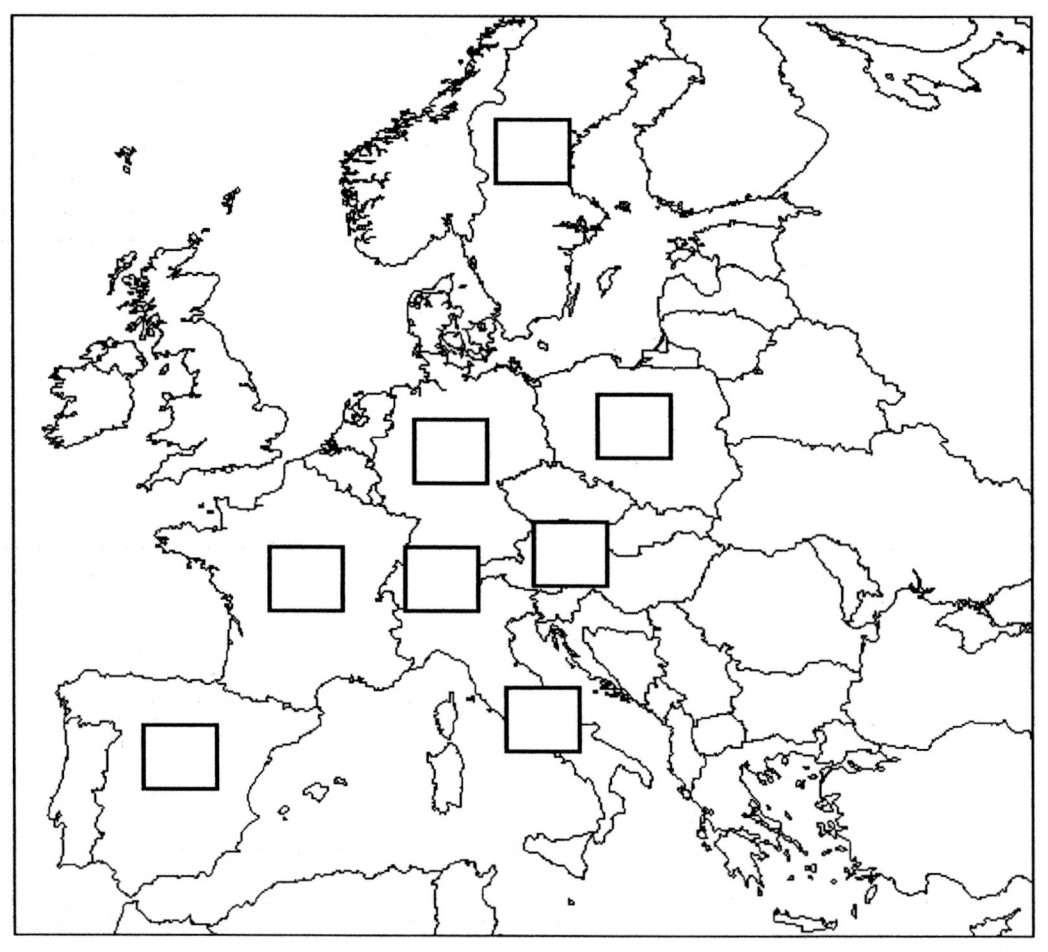

© Lucy Montgomery t/a Ecole Alouette 2005. This page may be photocopied for use within the purchasing institution only.

Page 19 À Quelle heure...? - At what time...?

Get Started

In order to use time with daily activities, some reflexive verbs need to be introduced. The **te** and **me** indicate that the action is being done to the person concerned.
Je **me** lève. – I get **(myself)** up.   Tu **te** lèves. – You get **(yourself)** up.

Bullet Questions

Bullet questions - Quick firing questions.
1. Est-ce que tu as déjà visité l'Amérique?   Have you visited America?
2. Est-ce que tu as déjà visité la France?   Have you visited France?
3. Tu as déjà visité l'Espagne?   Have you visited Spain?
4. Tu as déjà visité l'Écosse?   Have you visited Scotland?

Pupil's Book

Answers
1. Je me couche à neuf heures et demie. 2. Je me lève à six heures et demie. 3. Je vais à l'école à huit heures et demie.
1. Il est **cinq** heures et demie.   4. Il est **onze** heures et demie.
2. Il est **une** heure et demie.   5. Il est **deux** heures et demie.
3. Il est **trois** heures et demie.   6. Il est **dix** heures et demie.

19:1 Everyone

Worksheet This worksheet can be used as an oral exercise first. If you add **Est-ce que** before each sentence it makes a question. Encourage the children to answer using full sentences.

Answers
1. ☑ 2. ☒ 3. ☒ 4. ☑ 5. ☒ 6. ☑ 7. ☑ 8. ☑

19:2 More able

Worksheet
Excellent oral practice on time. This exercise is not difficult - the questions are written down on the worksheet and half the answers are given.

Answers
1. Le film commence à   quatre heures et demie.
2. Le spectacle commence à   deux heures et demie.
3. La fête commence à   huit heures.
4. Le concert commence à   trois heures et demie.
5. L'école commence à   huit heures et demie.
6. Le match de tennis commence à   une heure.
7. Le cours commence à   trois heures et demie.

19:3 Relaxing

Worksheet
More practice telling the time in French.

Answers 1. huit heures 2. trois heures 3. six heures 4. neuf heures et demie 5. sept heures et demie 6. une heure 7. huit heures 8. huit heures et demie 9. quatre heures 10. neuf heures 11. onze heures

Test Oral/written

Revision of vocabulary
la Suisse - Switzerland   l'Allemagne - Germany   l'Espagne - Spain
la Pologne - Poland   l'Angleterre - England   l'Autriche - Austria

ma journée

Entoure la réponse correcte. Circle the correct answer.

Exemple:

    Je me lève à six heures. ☑ ⊠

1. Je prends mon petit déjeuner à sept heures. ☑ ⊠
2. Je vais à l'école à neuf heures et demie. ☑ ⊠
3. Je vais au parc à minuit. ☑ ⊠
4. Je vais à la boulangerie à quatre heures. ☑ ⊠
5. Je regarde la télévision à trois heures et demie. ☑ ⊠
6. Je dîne à sept heures et demie. ☑ ⊠
7. Je fais mes devoirs* à huit heures. *homework ☑ ⊠
8. Je vais au lit à neuf heures. ☑ ⊠

À quelle heure commence...?

Exemple:
À quelle heure commence le match de foot?
Le match de foot commence à six heures.

1. À quelle heure commence le film?
....
....

2. À quelle heure commence le spectacle?
....
....

3. À quelle heure commence la fête?
....
....

4. À quelle heure commence le concert?
....
....

5. À quelle heure commence l'école?
....
....

6. À quelle heure commence le match de tennis?
....
....

7. À quelle heure commence le cours?
....
....

À quelle heure...?

Exemple

À quelle heure commence la fête, Léa?

La fête commence à
six heures et demie.

1. À quelle heure tu te lèves, Alexandre?

Je me lève à
....

2. À quelle heure commence le match, Manon?

Le match commence à
....

3. Quelle heure est-il, Théo?

Il est

....

4. À quelle heure tu te couches, Camille?

Je me couche à

....

5. À quelle heure tu te lèves, Clément?

Je me lève à

....

6. À quelle heure commence le film, Quentin?

Le film commence à

....

7. À quelle heure commence le concert, Chloé?

Le concert commence à

....

8. À quelle heure tu te couches, Thomas?

Je me couche à

....

9. Quelle heure est-il, Clara?

Il est

....

10. À quelle heure commence la soirée Hugo?

La soirée commence à

....

11. Quelle heure est-il, Marine?

Il est

....

© Lucy Montgomery t/a Ecole Alouette 2005. This page may be photocopied for use within the purchasing institution only.

loto

lundi	le week-end	le cadeau
dimanche	mardi	jeudi
le gâteau	le mois	l' anniversaire

mardi	le mois	la bougie
quand	le week-end	mercredi
vendredi	le jour	la semaine

mercredi	la semaine	lundi
le gâteau	la bougie	mardi
jeudi	Combien de?	samedi

jeudi	l' année	le week-end
mardi	la bougie	le gâteau
mercredi	dimanche	le jour

vendredi	l' anniversaire	le mois
mercredi	quand	le cadeau
lundi	mardi	la semaine

samedi	le cadeau	la semaine
jeudi	l' anniversaire	lundi
mercredi	vendredi	la bougie

dimanche	la bougie	l' année
vendredi	l' anniversaire	lundi
jeudi	samedi	le jour

le jour	le gâteau	le week-end
samedi	le cadeau	mardi
Combien de?	dimanche	le mois

✂ ···

Teacher's check list
Cross off each word as you read it out.

Monday	Tuesday	Wednesday	Thursday	Friday	Saturday
Sunday	week-end	month	year	week	day
birthday	How many?	present	candle	cake	when

© Lucy Montgomery t/a Ecole Alouette 2005. This page may be photocopied for use within the purchasing institution only.

mots cachés

i	d	e	r	d	n	e	v	q	w	d	x
y	t	r	e	w	q	s	d	e	f	s	k
x	i	d	u	e	j	z	n	v	x	a	l
d	b	c	v	w	e	i	z	p	l	m	i
i	m	h	j	k	a	l	v	u	b	e	d
m	o	w	s	m	g	h	n	f	v	d	e
a	i	x	e	z	q	d	w	p	k	i	r
n	s	s	j	h	i	g	z	x	c	q	c
c	h	d	w	e	e	k	e	n	d	f	r
h	q	w	b	v	c	x	z	d	f	g	e
e	h	m	a	r	d	i	j	k	q	z	m

Écris la réponse et trouve-la dans la grille.
Write the answer and find it in the wordsearch.

le premier jour de la semaine
....

le cinquième jour de la semaine
....

le quatrième jour de la semaine
....

le deuxième jour de la semaine
....

le septième jour de la semaine
....

le sixième jour de la semaine
....

Il y a sept jours dans une
....

le troisième jour de la semaine
....

samedi et dimanche font un
....

Il y a trente jours dans un
....

le vocabulaire

samedi	mercredi	dimanche	vendredi	mardi
le week-end	lundi	le mois	jeudi	la semaine

© Lucy Montgomery t/a Ecole Alouette 2005. This page may be photocopied for use within the purchasing institution only.

Je sais parler français.

 Quel est le deuxième jour de la semaine?  C'est mardi.

 Quel est le troisième jour de la semaine?  C'est mercredi.

 Quel est le cinquième jour de la semaine?  C'est vendredi.

 Quel est le septième jour de la semaine?  C'est dimanche.

 Quel est le quatrième jour de la semaine?  C'est jeudi.

bilan

Traduis en français.

1. The concert begins at half past four.
   ....

2. The show begins at seven o'clock.
   ....

3. The match begins at half past eight.
   ....

4. The film begins at half past one.
   ....

5. The programme begins at half past five.
   ....

__5__

Révision de vocabulaire

1. jeudi	4. la minute	7. le jour
2. vendredi	5. l'heure	8. l'année
3. dimanche	6. le mois	9. la semaine

__9__

Écris les nombres en français.

1. **50**	3. **60**	5. **70**
2. **30**	4. **40**	6. **20**

__6__

Traduis en français. (The vocabulary can be found on pg 15 of the pupil's book)

1. the left leg   4. the right hand

2. the right arm   5. the left *knee   *le genou

3. the right foot

TOTAL MARKS

__5__

__25__

la grande pendule

Il est une heure, il est deux heures
Il est trois, quatre et cinq heures
Il est une heure, il est deux heures
Il est trois, quatre et cinq heures
Il est six, il est sept, il est huit
Il est neuf heures
Il est dix, il est onze heures
Mais à minuit toutes les nuits
La grande pendule s'arrête
Un, deux, trois, quatre tic toc tic toc
Cinq, six, sept, huit, tic, toc, tic, toc
à minuit toutes les nuits
la grande pendule s'arrête

the large clock

It's one o'clock, it's two o'clock
It's three, four and five o'clock
It's one o'clock, it's two o'clock
It's three, four and five o'clock
It's six, it's seven, it's eight
It's nine o'clock
It's ten, it's eleven o'clock
But at midnight every night
The large clock stops
One, two, three, four, tic toc tic toc
five, six, seven, eight, tic, toc, tic, toc
at midnight every night
The large clock stops

© Lucy Montgomery t/a Ecole Alouette 2005. This page may be photocopied for use within the purchasing institution only

This is a translation only. It does not necessarily fit the tune of the song.

Page 22 le temps-la météo - the weather

Get Started

Weather is not that easy to remember, in French.
Sometimes you use **Il y a** — **Il y a du soleil.** It's sunny.
Sometimes you use **just the verb** — **Il pleut.** It's raining.
Sometimes you use **Il fait** — **Il fait froid.** It's cold.

Bullet Questions

Bullet questions - Quick firing questions.
1. À quelle heure tu te lèves? — What time do you get up?
2. À quelle heure te couches-tu? — What time do you go to bed?
3. À quelle heure tu prends ton petit déjeuner? — What time do you have breakfast?
4. À quelle heure est-ce que tu déjeunes? — What time do you have lunch?

Pupil's Book

Answers
1. Il neige. 2. J'ai chaud. 3. Il pleut. 4. Il y a du soleil. 5. Il y a du vent.
6. Il y a du brouillard. 7. J'ai froid.

1. C'est samedi, **j'ai chaud** et je joue **au tennis**.
2. C'est jeudi, **il y a du vent** et je joue **au rugby**.

22:1 Everyone

Worksheet This worksheet can be used as an oral exercise first.
There are two questions for one answer giving plenty of practise.
Six French towns are also included on the map.

Answers
1. Non, il y a du brouillard. 2. Non, il y a du soleil. 3. Non, il neige.
4. Non, Il gèle. 5. Non, il y a du vent.

22:2 More able

Worksheet
Replace the pictures with words to make complete sentences.
All the vocabulary is given at the top of the page.

Answers
1. Je n'aime pas jouer au rugby quand il y a du brouillard.
2. Je n'aime pas jouer aux cartes quand il y a du soleil.
3. J'aime regarder la télé quand il pleut.
4. Je n'aime pas la lecture quand j'ai froid.
5. J'aime la natation quand j'ai chaud.
6. Je n'aime pas la pêche quand il neige.

22:3 Relaxing

Worksheet
The children who find this exercise easy can try and create their own
number puzzle and exchange it with another early finisher.

Answers

le lion	8	l'éléphant	3	la girafe	6
le singe	4	l'hippopotame	2	le zèbre	12

Test Oral/written

Revision of vocabulary

mercredi - Wednesday   mardi - Tuesday   jeudi - Thursday
dimanche - Sunday   samedi - Saturday   vendredi - Friday

la météo

le vocabulaire

Il pleut.	Il y a du soleil.	Il neige.	Il y a du vent.	Il y a du brouillard.	Il gèle.

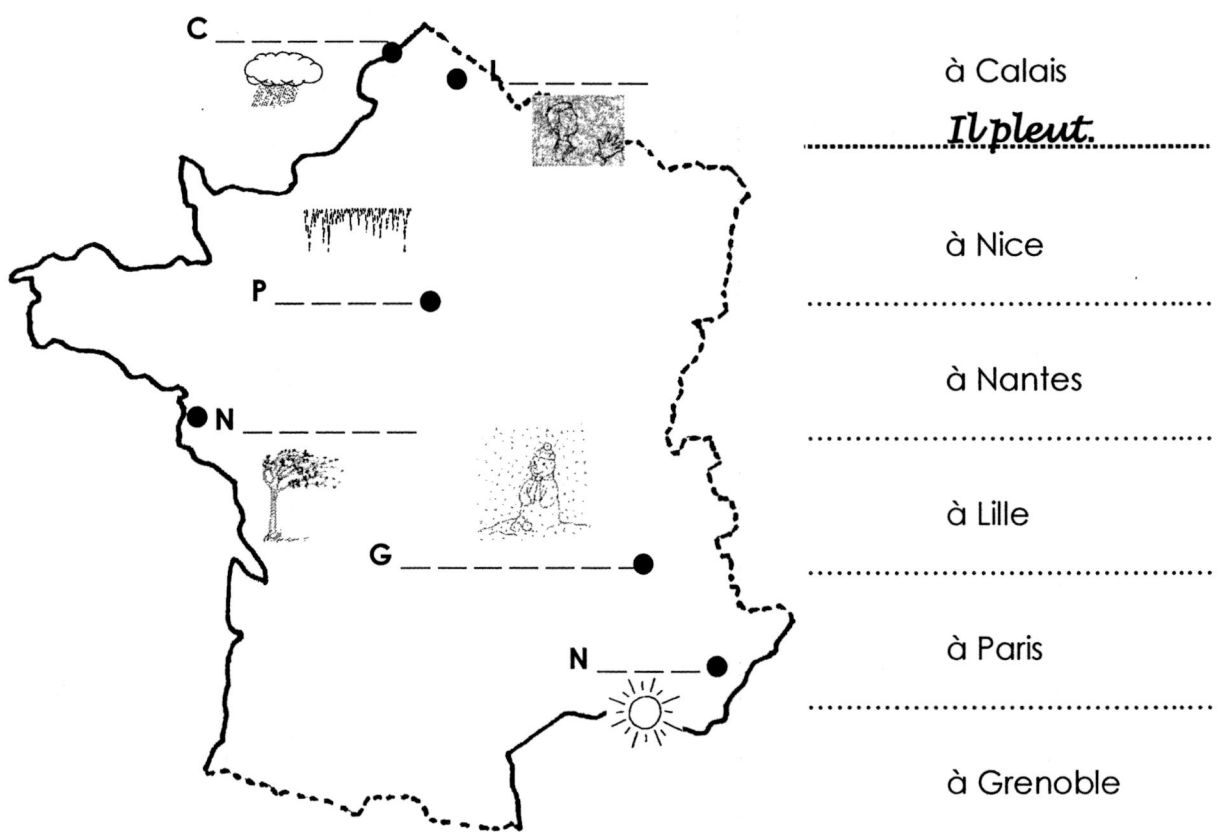

à Calais
Il pleut.

à Nice
....

à Nantes
....

à Lille
....

à Paris
....

à Grenoble
....

Exemple : Quel temps fait-il à Calais?
Est-ce qu'il y a du brouillard?   *Non, il pleut.*

1. Quel temps fait-il à Lille?
   Est-ce qu'il y a du soleil?   ....

2. Quel temps fait-il à Nice?
   Est-ce qu'il neige?   ....

3. Quel temps fait-il à Grenoble?
   Est-ce qu'il y a du vent?   ....

4. Quel temps fait-il à Paris?
   Est-ce qu'il pleut?   ....

5. Quel temps fait-il à Nantes?
   Est-ce qu'il gèle?   ....

quand when

les réponses

J'aime	jouer au rugby	regarder la télé	la natation	Il y a du soleil.	Il pleut.	J'ai chaud.	Il y a du vent.
Je n'aime pas	jouer aux cartes	la lecture	la pêche	Il neige.	Il y a du soleil.	J'ai froid.	Il y a du brouillard.

Exemple:   quand

Je n'aime pas jouer au tennis quand il y a du vent.

1.  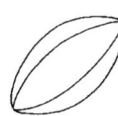 quand
   ....

2.   quand
   ....

3.   quand
   ....

4.  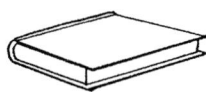 quand
   ....

5.   quand
   ....

6.  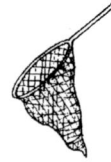 quand
   ....

© Lucy Montgomery t/a Ecole Alouette 2005. This page may be photocopied for use within the purchasing institution only.

les chiffres symboles

Remplace les symboles (animaux) par les chiffres suivants: **2 3 4 6 8 12**

Replace the symbols (animals) with following numbers: **2 3 4 6 8 12** so that the sums make sense.
Don't forget that ÷ in French is written :

zebra = douze

1. zebra − girafe = girafe
2. girafe × hippopotame = zèbre
3. singe + singe = lion
4. singe × hippopotame = lion
5. lion : singe = hippopotame
6. singe × éléphant = zèbre
7. zèbre : singe = éléphant

le lion	☐ 8		**l'hippopotame**	☐ 2
le singe	☐ 4		**la girafe**	☐ 6
l'éléphant	☐ 3		**le zèbre**	12 *douze*

Page 23 l'hiver - winter

Get Started	In this chapter, the children are introduced to winter months and weather. The two main questions are: Quel temps fait-il? C'est quand ton anniversaire?
Bullet Questions	**Bullet questions** - Quick firing questions. 1. Quelle est la date de ton anniversaire? What's the date of your birthday? 2. C'est quand ton anniversaire? When's your birthday? 3. Quel temps fait-il? What's the weather like? 4. Quelle heure est-il? What's the time?
Pupil's Book	**Answers** 1. C'est le trente décembre. 2. C'est le seize février. 3. C'est le dix-huit janvier. 8 9 4 3 7 6 5 10 1 2
23:1 Everyone	**Worksheet** This worksheet is basic comprehension and can be used as an oral exercise first. All the answers are provided but accuracy in written French is essential.
	Answers 1. C'est le quatorze août. 2. C'est le vingt-cinq décembre. 3. C'est à une heure. 4. C'est mercredi. 5. C'est à huit heure et demie. 6. C'est vendredi. 7. C'est à neuf heures. 8. C'est le treize septembre. 9. C'est samedi. 10. C'est à trois heures.
23:2 More able	**Worksheet** Introduction to present continuous verbs: **is/are doing** something. The infinitive 'title' of the verb is given. The children must read through their English translation to make sure it makes sense.
	Answers 1. The hedgehog <u>is eating</u> a sandwich. 2. The snowman <u>is wearing</u> a woolly hat and a scarf. 3. The fox <u>is chasing</u> a hedgehog. 4. The chimney <u>is smoking</u>. 5. The spider <u>is spinning</u> a web. 6. The snow <u>is falling</u>. 7. The badger <u>is playing</u> with a spider.
23:3 Relaxing	**Worksheet** All the answers can be given as a single word or a picture.
	Answers 1. Draw **1 grey snail**. 2. Draw **2 blue houses**. 3. Draw **4 brown squares**. 4. **12** (douze) 5. **17** (dix-sept) 6. **rouges** 7. **jaunes** 8. Your name 9. Your age 10. Where you live 11. **Paris** 12. **Londres** (London)
Test Oral/written	**Revision of vocabulary** Il est deux heures et demie. 2.30 Il est midi et demi. 12.30 Il est huit heures et demie. 8.30 Il est onze heures et demie. 11.30

C'est quand...? When is...?

le vocabulaire	à huit heures et demie	à une heure
à dix heures et demie	le treize septembre	le quatorze août
le vingt-cinq décembre	samedi	mercredi
vendredi	à trois heures	à neuf heures

Exemple: C'est quand la géographie?
C'est *à dix heures et demie.*

1. C'est quand ton anniversaire?
   C'est ....

2. C'est quand Noël?
   C'est ....

3. C'est quand le cours d'histoire?
   C'est ....

4. C'est quand le match de foot?
   C'est ....

5. C'est quand ton émission préférée?
   C'est ....

6. C'est quand ton concert?
   C'est ....

7. C'est quand le film?
   C'est ....

8. C'est quand *la rentrée?   *back to school
   C'est ....

9. C'est quand ta fête?
   C'est ....

10. C'est quand le cours de maths?
    C'est ....

l'hiver

le vocabulaire

chasse chasser - to chase	joue jouer - to play	porte porter - to wear	tisse tisser – to spin
fume fumer - to smoke	mange manger - to eat	regarde regarder - to look at	tombe tomber - to fall

Traduis en anglais et souligne les verbes. Translate into English and underline the verbs.

Exemple: Le hibou **regarde** le bonhomme de neige.
The owl is looking at the snowman.

1. Le hérisson mange un sandwich.

2. Le bonhomme de neige porte un bonnet et une écharpe.

3. Le renard chasse un hérisson.

4. La cheminée fume.

5. L'araignée tisse une toile.

6. La neige tombe.

7. Le blaireau joue *avec une araignée.   *with

Écris ou dessine dans les nuages.

le vocabulaire

dessine draw	calcule work out the sum	les citrons lemons
un escargot a snail	plus add/plus	Quelle est la capitale? What is the capital?
une maison a house	De quelle couleur sont...? What colour are...?	la France France
un carré a square	les fraises strawberries	l'Angleterre England

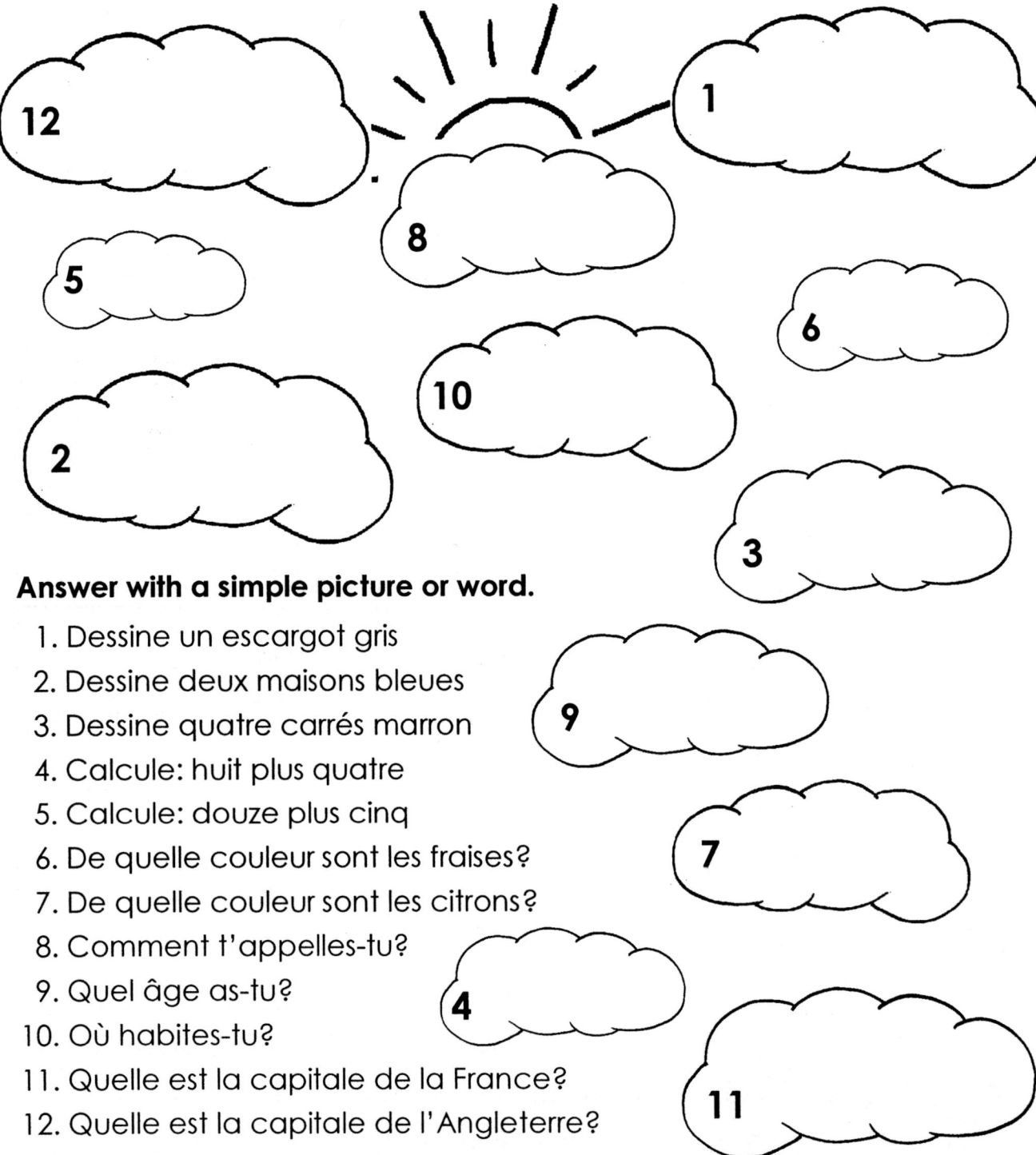

Answer with a simple picture or word.

1. Dessine un escargot gris
2. Dessine deux maisons bleues
3. Dessine quatre carrés marron
4. Calcule: huit plus quatre
5. Calcule: douze plus cinq
6. De quelle couleur sont les fraises?
7. De quelle couleur sont les citrons?
8. Comment t'appelles-tu?
9. Quel âge as-tu?
10. Où habites-tu?
11. Quelle est la capitale de la France?
12. Quelle est la capitale de l'Angleterre?

© Lucy Montgomery t/a Ecole Alouette 2005. This page may be photocopied for use within the purchasing institution only.

Page 24 **le printemps** - spring

Get Started	In this chapter, the children are introduced to spring months and weather. The questions are: C'est quand ton anniversaire? De quelle couleur est/sont? Introducing the word 'premier' first
Bullet Questions	**Bullet questions** - Quick firing questions. 1. À quelle heure tu te lèves? — What time do you get up? 2. Quel est le premier jour du week-end? — What's the first day of the week-end? 3. Comment s'appelle ton/ta directeur/directrice? — What's your headteacher called? 4. Quel âge a ton père/ta mère? — How old is your father/mother?
Pupil's Book	**Answers** 1. C'est le dix-neuf avril. 2. Il neige. 3. Il pleut. 10 9 5 2 8 6 3 4 7 1
24:1 Everyone	**Worksheet** This worksheet is a comprehension and oral exercise only. **Answers** The worksheet is self-explanatory.
24:2 More able	**Worksheet** Introduction to present continuous verbs: **is/are doing** something. The infinitive 'title' of the verb is given. **un/une** must be translated as a/an le papillon regard**e** (singular) the butterfly <u>is looking at</u> les nuages flott**ent** (plural) the clouds <u>are floating</u> **Answers** 1. The little rabbit <u>is jumping</u>. 5. The snail <u>is climbing</u> a tree. 2. The sheep <u>is chasing</u> a butterfly. 6. The car <u>is going</u> very quickly. 3. The aeroplane <u>is flying</u> in the sky. 7. The clouds <u>are floating</u> in the sky. 4. The butterfly <u>is looking at</u> a flower.
24:3 Relaxing	**Worksheet** All the answers can be given as a single word or a picture. **Answers** 1. Draw **1 church** 5. **42** (quarante-deux) 9. George Bush (2005) 2. Draw **4 red circles**. 6. number of brothers 10. **bleu et blanc** 3. Draw **1 hedgehog**. 7. number of sisters 11. **jaune** (or gold) **et bleu** 4. **31** (trente et un) 8. Tony Blair (2005) 12. **Dublin**
Test Oral/written	**Revision of vocabulary** regarder to look at manger to eat porter to wear voler to fly chasser to chase jouer to play tomber to fall flotter to float

ma journée

Practise asking and answering these questions.

1. À quelle heure te lèves-tu?  Je me lève à six heures et demie.	2. À quelle heure prends-tu ton petit déjeuner?  Je prends mon petit déjeuner à sept heures.
3. À quelle heure vas-tu à l'école?   Je vais à l'école à huit heures.	4. À quelle heure vas-tu au parc?  Je vais au parc à midi.
5. À quelle heure tu vas à la boulangerie? 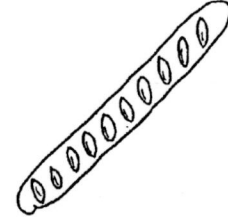  Je vais à la boulangerie à quatre heures.	6. À quelle heure regardes-tu la télévision?   Je regarde la télévision à cinq heures et demie.
7. À quelle heure tu dînes?  Je dîne à sept heures et demie.	8. À quelle heure tu fais tes devoirs?  Je fais mes devoirs à huit heures.

© Lucy Montgomery t/a Ecole Alouette 2005. This page may be photocopied for use within the purchasing institution only.

le printemps

le vocabulaire

regarde regarder - to look at	mange manger - to eat	saute sauter - to jump	roule rouler - to go (car)
chasse chasser - to chase	vole voler - to fly	grimpe grimper - to climb	flottent flotter - to float

Traduis en anglais et souligne les verbes. Translate into English and underline the verbs.

Exemple: La vache **mange** de l'herbe.
The cow is eating grass.

1. Le petit lapin saute.
....

2. Le mouton chasse un papillon.
....

3. L'avion vole *dans le ciel. *in
....

4. Le papillon regarde une fleur.
....

5. L'escargot grimpe à un arbre.
....

6. La voiture roule *très vite. *very
....

7. Les nuages flottent dans le ciel.
....

Écris ou dessine dans les ballons.

le vocabulaire

dessine draw	calcule work out the sum	les États Unis United States
une église church	Combien de…? How many… ?	le drapeau écossais the Scottish flag
un cercle a circle	Qui est…? Who is… ?	le drapeau européen the European flag
un hérisson hedgehog	le premier ministre prime minister	l'Irlande Ireland

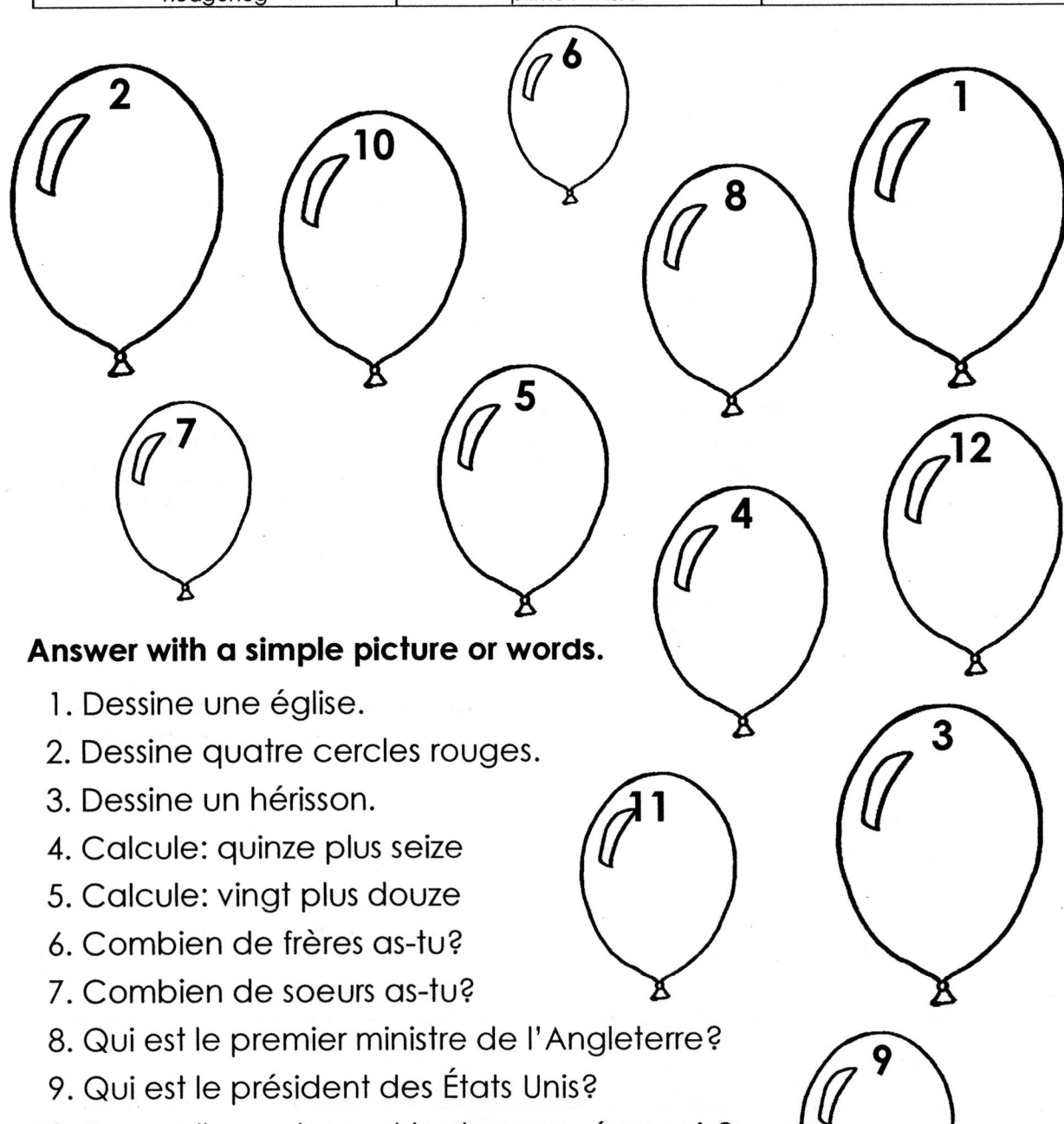

Answer with a simple picture or words.

1. Dessine une église.
2. Dessine quatre cercles rouges.
3. Dessine un hérisson.
4. Calcule: quinze plus seize
5. Calcule: vingt plus douze
6. Combien de frères as-tu?
7. Combien de soeurs as-tu?
8. Qui est le premier ministre de l'Angleterre?
9. Qui est le président des États Unis?
10. De quelle couleur est le drapeau écossais?
11. De quelle couleur est le drapeau européen?
12. Quelle est la capitale de l'Irlande?

Page 25 l'été - summer

Get Started	In this chapter, we look at the summer months and weather. The main questions are: Quel est ton nom? Quelle heure est-il? Comment vas-tu?
Bullet Questions 💬	**Bullet questions** - Quick firing questions. 1. Quel temps fait-il? What's the weather like? 2. Quel est ton adresse? What's your address? 3. Quel est ton numéro de téléphone? What's your telephone number? 4. Tu es en quelle classe? What class are you in?
Pupil's Book	**Answers** 1. (Les mois d'été sont) juin, juillet et août. **2.** (Les mois d'hiver sont) décembre, janvier et février. **3.** Il fait du soleil. 9 8 1 10 5 6 7 2 3 4
25:1 Everyone	**Worksheet** This worksheet teaches the children the main Bank Holidays in France. The English explanation will help understand why the dates are important.
	Answers 1. Christmas tree 4. lily of the valley 7. stretcher bearers 2. statue of Mary 5. the crucifixion 8. Clock at midnight 3. large castle (Bastille prison) 6. breaking the nazi swastika
25:2 More able	**Worksheet** Introduction to present continuous verbs: **is/are doing** something. The infinitive 'title' of the verb is given. **un/une** must be translated as a/an la pieuvre ramass**e** (singular) the octopus <u>is picking up</u> les crabes cherch**ent** (plural) the crabs <u>are looking for</u>
	Answers 1. The seagull <u>is carrying</u> a shell in its beak. 2. The fish <u>is chasing</u> some crabs. 3. The crabs <u>are looking for</u> some shells. 4. The flag <u>is fluttering</u> on the sandcastle. 5. The octopus <u>is picking up</u> eight shells. 6. The sea <u>is</u> very calm today. 7. The bucket <u>is playing</u> with the spade.
25:3 Relaxing	**Worksheet** All the answers can be given as a single word or a picture.
	Answers 1. mercredi 2. samedi 3. lundi 4. le 25 décembre 5. le 14 juillet 6. date of birthday 7. février 8. août 9. juin 10. S 11. W 12. O
Test Oral/written	**Revision of vocabulary** regarder to look at aujourd'hui today avec with est is ramasser to pick up jouer to play très very sont are

les jours fériés
bank holdiays

Écris le nom et la date de chaque fête sous son image.
Write the name and date (in full) of each Bank Holiday under its picture.

Exemple: Lundi de Pentecôte   la date est variable
(Arrival of the Holy Spirit like tongues of fire.)

1. Noël   25/12
(Celebration of the birth of Christ)

2. Assomption de la Vierge Marie   15/08
(Ascension into heaven of the Virgin Mary)

3. Fête Nationale en France   14/07
(French National Holiday – storming the Bastille prison 1789)

4. Fête du travail (Lily of the valley - le muguet)   01/05
(Labour day - in France they hand out lily of the valley)

5. Lundi de Pâques   la date est variable
(Remembering the crucifixion and resurrection of Jesus)

6. Victoire 1945   08/05
(The end of Nazism and the Second World War)

7. Armistice 1918   11/11
(The end of the First World War)

8. Jour de l'An   01/01
(First day of the New Year)

© Lucy Montgomery t/a Ecole Alouette 2005. This page may be photocopied for use within the purchasing institution only.

l'été

le vocabulaire

porte porter - to carry	nage nager - to swim	ramasse ramasser - to pick up	est être - to be
chasse chasser - to chase	cherchent (pl) chercher - to look for	joue jouer - to play	flotte flotter - to flutter/float

Traduis en anglais et souligne les verbes. Translate into English and underline the verbs.

Exemple: Le phoque **nage** dans l'eau.
The seal is swimming in the water.

1. La mouette porte un coquillage dans son bec.
   ....

2. Le poisson chasse des crabes.
   ....

3. Les crabes cherchent des coquillages.
   ....

4. Le drapeau flotte sur le château de sable.
   ....

5. La pieuvre ramasse huit coquillages.
   ....

6. La mer est *très calme aujourd'hui. *very
   ....

7. Le seau joue avec la pelle.
   ....

Écris dans les ballons.

le vocabulaire

quel(m)/quelle(f) what/which	la date the date	le mois the month
le jour the day	Noël Christmas	l'année the year
la semaine the week	fête nationale en France French national holiday	la lettre letter
premier first	l'anniversaire birthday	l'alphabet alphabet

Answer with just a date, word or letter.

1. Quel est le **trois**ième jour de la semaine?
2. Quel est le **six**ième jour de la semaine?
3. Quel est le premier jour de la semaine?
4. Quelle est la date de Noël?
5. Quelle est la date de la fête nationale en France?
6. Quelle est la date de ton anniversaire?
7. Quel est le **deux**ième mois de l'année?
8. Quel est le **huit**ième mois de l'année?
9. Quel est le **six**ième mois de l'année?
10. Quelle est la **dix-neuv**ième lettre de l'alphabet?
11. Quelle est la **vingt-trois**ième lettre de l'alphabet?
12. Quelle est la **quinz**ième lettre de l'alphabet?

© Lucy Montgomery t/a Ecole Alouette 2005. This page may be photocopied for use within the purchasing institution only.

Page 26 l'automne - autumn

Get Started	In this chapter, the children are introduced to winter months and weather. The two main questions are: Quelle est ta saison préférée? C'est quand la rentrée? (Back to school!)
Bullet Questions	**Bullet questions** - Quick firing questions. 1. Est-ce que la lettre **t** est une consonne? Is the letter **t** a consonant? 2. Est-ce que la lettre **m** est une voyelle? Is the letter **m** a vowel? 3. Est-ce que la lettre **u** est une voyelle? Is the letter **u** a vowel? 4. Est-ce que la lettre **s** est une consonne? Is the letter **s** a consonant?
Pupil's Book	**Answers** septembre, octobre, novembre le 25 décembre le 6 septembre 2 8 5 1 3 9 10 4 7 6
26:1 Everyone	**Worksheet** This worksheet helps children know the source of everyday food/objects. The vocabulary gives the key words which need to be used in context. **Answers** 1. blé 2. raisin 3. pommes de terre 4. moutons 5. caoutchouc 6. eau 7. vaches 8. arbres 9. poules 10. sable 11. aluminium
26:2 More able	**Worksheet** Introduction to present continuous verbs: **is/are doing** something. The infinitive 'title' of the verb is given. la souris mang**e** (singular) the mouse <u>is eating</u> les feuilles tomb**ent** (plural) the leaves <u>are falling</u> **Answers** 1. The mouse <u>is eating</u> a leaf. 5. The leaves <u>are falling</u> from the tree. 2. The cat <u>is chasing</u> a bee. 6. The dog <u>is playing</u> with a ball. 3. The hen <u>is jumping</u> in the air. 7. The bus <u>is going</u> very slowly. 4. The bird <u>is looking at</u> a cat.
26:3 Relaxing	**Worksheet** There are three graded options with this worksheet: **EASY:** Photocopy the sheet as it is with all the translations. **AVERAGE:** Typex® out the English translations. (Keep an original version) **DIFFICULT:** Typex® out all the vocabulary. (Keep an original version) **Answers** 1. Il neige. 5. Il fait chaud. 9. Il fait gris. 2. Il y a du soleil. 6. Il gèle. 10. Il fait froid. 3. Il y a du brouillard. 7. J'ai froid. 11. Il fait beau. 4. J'ai chaud. 8. Il pleut. 12. Il y a du vent.
Test Oral/written	**Revision of vocabulary** rouler to go (vehicle) l'arbre tree le ballon ball avec with sauter to jump l'abeille bee la feuille leaf lentement slowly

Écris ou dessine dans les carrés.

le vocabulaire

l' **a**beille — the bee
l' **a**luminium — the aluminium
l' **a**rbre — the tree
le **b**lé — the wheat
le **c**aoutchouc — the rubber
l' **e**au — the water
le **m**outon — the sheep
la **p**omme de terre — the potato
la **p**oule — the hen
le **r**aisin — the grapes
le **s**able — the sand
la **v**ache — the cow

Réponds aux questions avec un mot.

Ex : Pour **le miel**, il faut (you need)   des *abeilles*

1. Pour **le pain**, il faut   du ....
2. Pour **le vin**, il faut   du ....
3. Pour **les frites**, il faut   des ....
4. Pour **la laine**, il faut   des ....
5. Pour **les pneus**, il faut   du ....
6. Pour **les glaçons**, il faut   de l' ....
7. Pour **le lait**, il faut   des ....
8. Pour **le papier**, il faut   des ....
9. Pour **les œufs**, il faut   des ....
10. Pour **le verre**, il faut   du ....
11. Pour **les canettes**, il faut   de l'......................

l'automne

le vocabulaire

porte	chasse	joue	mange
porter – to carry	chasser – to chase	jouer – to play	manger – to eat
		regarde	roule
		regarder – to look at	rouler – to go (car/bus)
		saute	tombent (pl)
		sauter – to jump	tomber – to fall

Traduis en anglais et souligne les verbes. Translate into English and underline the verbs.

Exemple: La lune **brille.**
The sun is shining.

1. La souris mange une *feuille. *leaf
....

2. Le chat chasse une abeille.
....

3. La poule saute en l'air.
....

4. L'oiseau regarde un chat.
....

5. Les feuilles tombent de l'arbre.
....

6. Le chien joue *avec un ballon. *with
....

7. Le bus roule très *lentement. *slowly
....

Quel temps fait-il?

le vocabulaire

Il y a du vent. It's windy.	Il pleut. It's raining.	Il y a du soleil. It's sunny.
Il neige. It's snowing.	Il y a du brouillard. It's foggy.	J'ai froid. I'm cold.
J'ai chaud. I'm hot.	Il fait froid. It's cold.	Il fait gris. It's overcast/cloudy (grey).
Il gèle. It's freezing.	Il fait chaud. It's hot.	Il fait beau. It's a fine day.

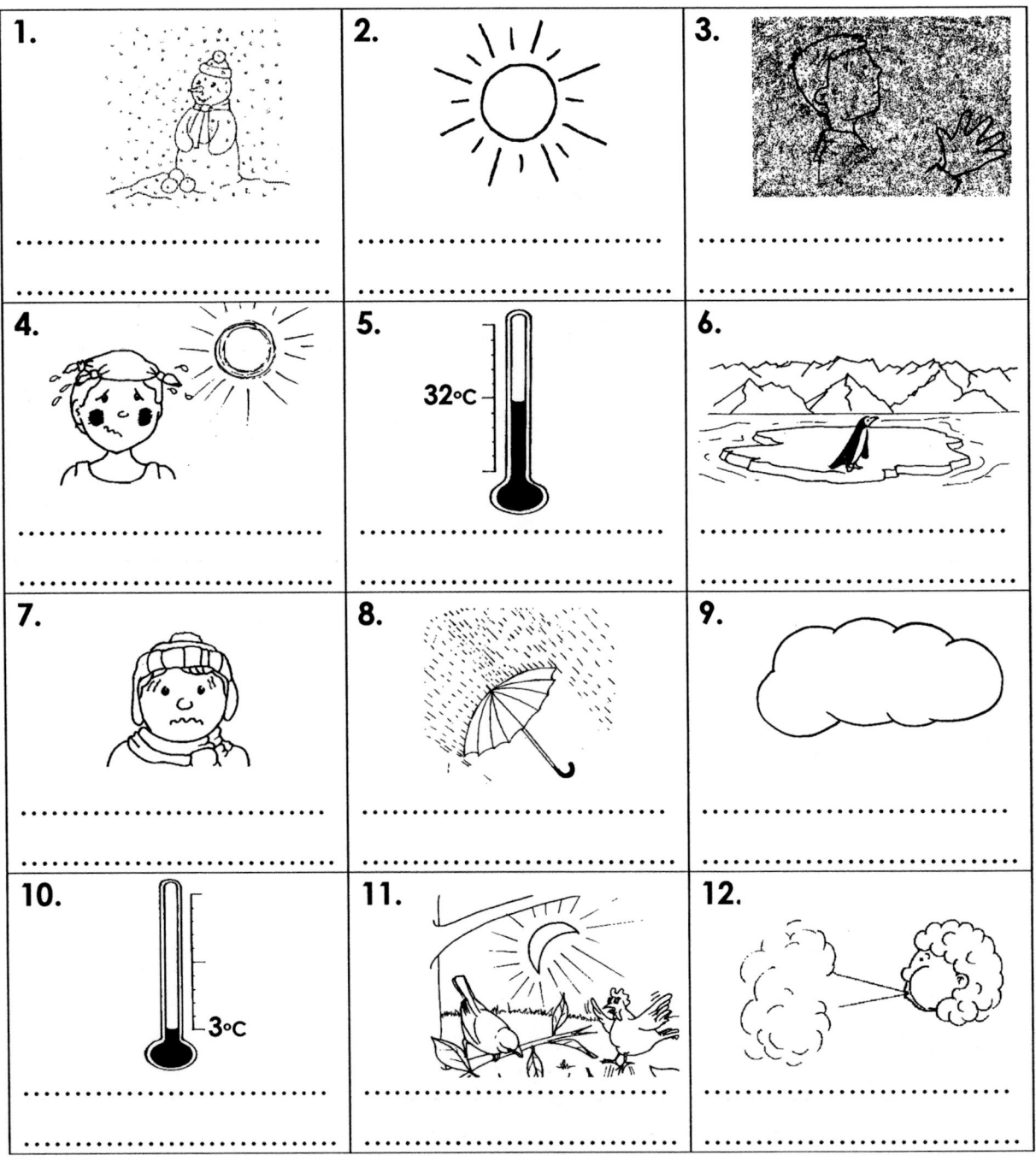

loto

Il y a du vent.	Il gèle.	Il y a du soleil.
Il y a du brouillard.	Il pleut.	Il fait chaud.
l'été	le printemps	Je suis trempé(e).

Il gèle.	J'ai froid.	l'hiver
Il y a du soleil.	l'été	Il y a du vent.
Il fait froid.	Il y a du brouillard.	Il fait chaud.

Il pleut.	J'ai chaud.	Il fait froid.
Il y a du brouillard.	J'ai froid.	Je suis trempé(e).
Il neige.	le printemps	Il y a du soleil.

Il y a du vent.	le printemps	Il gèle.
Il y a du brouillard.	l'hiver	Il pleut.
Je suis trempé(e)	Il neige.	Il fait froid.

Il fait froid.	Il y a du vent.	l'hiver
l'automne	Il y a du soleil.	Il neige.
Il pleut.	J'ai froid.	J'ai chaud.

l'été	Il fait chaud.	le printemps
Il pleut.	Il y a du vent.	J'ai froid.
J'ai chaud.	Il y a du soleil.	l'automne

Je suis trempé(e)	Il pleut	Il fait chaud.
Il y a du soleil.	Il neige.	l'été
l'automne	J'ai froid.	Il y a du vent

Je suis trempé(e)	Il y a du soleil.	Il y a du vent.
l'hiver	J'ai chaud.	Il pleut.
Il gèle.	l'automne	J'ai froid.

✂ ....

Teacher's check list
Cross off each word as you read it out.

winter	spring	summer	autumn	I'm cold.
It's windy.	It's raining.	It's sunny.	It's warm/hot.	It's foggy.
It's snowing.	It's freezing.	It's cold.	I'm soaked.	I'm hot.

© Lucy Montgomery t/a Ecole Alouette 2005. This page may be photocopied for use within the purchasing institution only.

mots cachés

w	q	s	e	p	t	e	m	b	r	e	r	f
h	g	f	d	r	e	w	i	a	m	j	k	é
p	m	a	r	s	g	n	b	v	d	x	n	v
w	q	p	l	t	b	a	v	e	m	x	o	r
t	z	d	f	g	v	w	r	q	u	t	v	i
e	y	k	h	r	j	b	v	b	r	n	e	e
l	d	f	i	w	o	n	c	e	v	g	m	r
l	t	l	y	t	z	k	i	t	a	r	b	d
i	x	w	c	q	y	v	g	h	o	f	r	b
u	d	o	m	v	n	c	k	j	û	l	e	s
j	t	r	k	a	l	f	g	w	t	r	t	u
k	q	w	j	z	x	c	v	b	n	m	k	z
j	u	i	n	w	e	r	b	m	e	c	é	d

le vocabulaire

janvier février mars avril mai juin

juillet août septembre octobre novembre décembre

Je sais parler français.

 Quel temps fait-il aujourd'hui?  Il pleut.

 Est-ce qu'il neige aujourd'hui?  Non, il y a du soleil.

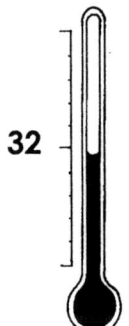 Est-ce qu'il fait chaud, aujourd'hui?  Oui, il fait chaud aujourd'hui.

 Est-ce que tu as froid aujourd'hui?  Non, je n'ai pas froid, j'ai chaud.

 Est-ce qu'il y a du vent aujourd'hui?  Non, il n'y a pas de vent aujourd'hui, il fait beau.

bilan

Traduis les questions en anglais. Translate the questions in English.

1. C'est quand ton anniversaire?

   ....

2. Quel temps fait-il?

   ....

3. Quelle heure est-il?

   ....

4. Comment vas-tu?

   ....

5. Où vas-tu?

   ....

   5

Révision de vocabulaire - traduis en anglais

1. février   4. le printemps   7. juillet

   ....

2. août   5. mars   8. l'hiver

   ....

3. l'été   6. juin   9. le mois

   ....

   9

Quel temps fait-il? Write the weather in French.

1. ☀ 3. 🌧 5. ⛄

   ....

2. 💨 4. 👦 6. 🏞

   ....

   6

Écris les nombres en français.

1. **42** ....   4. **38** ....

2. **51** ....   5. **69** ....

3. **71** ....

   5

TOTAL MARKS

25

les quatre saisons

Il y a quatre saisons
dans une année

le printemps l'été l'automne l'hiver

au printemps, il y a du vent
en été, il y a du soleil
en automne, il y a du brouillard
en hiver, il neige (x2)

the four seasons

There are four seasons in a year

spring, summer, autumn, winter

in spring, it's windy
in summer, it's sunny
in autumn, it's foggy
in winter, it snows (x2)

 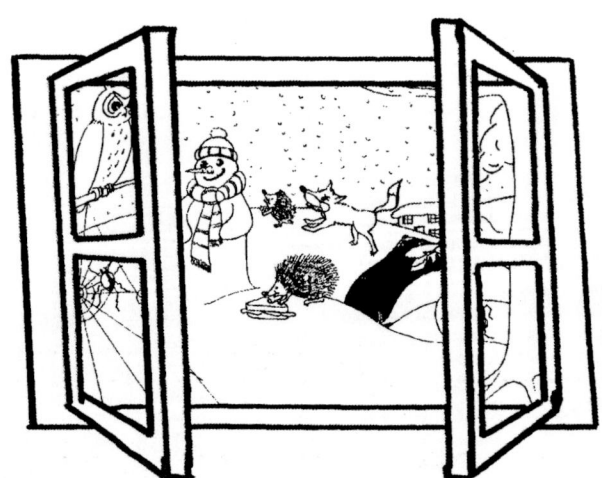

Page 29 les nombres - numbers

Get Started	Numbers up to 69 are easy to remember but numbers from 70 – 100 are complicated as there is no French word for 70, 80 or 90. **Numbers 1 – 100 are found in the pupil's book.**
Bullet Questions	**Bullet questions** - Quick firing questions. 1. La Méditerranée est une … The Mediterranean is a … 2. L'Everest est une … Everest is a … 3. La Seine est un … The Seine is a … 4. Titicata est un … Titicata is a …
Pupil's Book	**Answers** 1. J'ai trente-sept ans. J'ai quarante et un ans. J'ai soixante treize ans. J'ai soixante huit ans. **55 89 73 97 41 88 74 51 70 44**
29:1 Everyone	**Worksheet** This maths worksheet helps the children practise the numbers from 20 – 100 and revises transport.
	Answers 1. L'avion est violet. 4. La moto est verte. 7. Le camion gris. 2. Le vélo est marron. 5. Le bateau est rose. 8. Le car est rouge. 3. La voiture est orange. 6. Le train est jaune.
29:2 More able	**Worksheet** Remind the children that going to a town is **à** a country is usually **en**
	Answers 1. En février, je vais **en** Allemagne. 5. En décembre, je vais **à** New York. 2. En janvier, je vais **en** Angleterre. 6. En juillet, je vais **en** France. 3. En avril, je vais **à** Sydney. 7. En août, je vais **à** Paris. 4. En mars, je vais **à** Londres.
29:3 Relaxing	**Worksheet** More practice with numbers, days of the week and months of the year.
	Answers 78 38 29 41 88 93 57 71 14 69 53 17 91 13 80 74 31 45 66 92 73 34 68 16 90 20 1. septembre 2. août 3. juillet 4. janvier 5. vendredi 6. jeudi 7. mercredi 8. Samedi 9. mardi
Test Oral/written	**Revision of vocabulary** le jour day le mois month l'heure hour minuit midnight la semaine week l'année year la seconde second midi midday

les nombres et les couleurs

Work out the sums and colour each mode of transport in the correct colour.
Write one sentence describing the colour of each picture.

vingt	**trente**	**quarante**	**cinquante**	**soixante**
20	30	40	50	60
(rose)	(rouge)	(bleu)	(jaune)	(marron)

soixante-dix	**quatre-vingts**	**quatre-vingt-dix**	**cent**
70	80	90	100
(vert)	(gris)	(violet)	(orange)

Exemple: soixante - vingt
le bus
___quarante___

1. soixante + trente
l'avion
....

2. trente x deux
le vélo
....

2. quatre-vingts + vingt
la voiture
....

4. cent - trente
la moto
....

5. quarante : deux
le bateau
....

6. soixante - dix
le train
....

7. vingt x quatre
le camion
....

8. quatre-vingt-dix : trois
le car
....

Exemple: ___Le bus est bleu.___

1. ....
2. ....
3. ....
4. ....
5. ....
6. ....
7. ....
8. ....

© Lucy Montgomery t/a Ecole Alouette 2005. This page may be photocopied for use within the purchasing institution only.

le monde

Look in the 'les réponses' box and find the country or town relating to the pictures.
The small words in brackets will tell the month to include in your answer.

les réponses

à Paris (le huitième mois)	en Allemagne (le deuxième mois)	*à Moscou* (le **cinquième** mois)	à New York (le douzième mois)
en Angleterre (le premier mois)	à Sydney (le quatrième mois)	en France (le septième mois)	à Londres (le troisième mois)

Exemple: Où vas-tu?

En mai, je vais à Moscou.

1. Où vas-tu?
   ....
   ....

2. Où vas-tu?
   ....
   ....

3. Où vas-tu?
   ....
   ....

4. Où vas-tu?
   ....
   ....

5. Où vas-tu?
   ....
   ....

6. Où vas-tu?
   ....
   ....

7. Où vas-tu?
   ....
   ....

© Lucy Montgomery t/a Ecole Alouette 2005. This page may be photocopied for use within the purchasing institution only.

les nombres, jours et mois

Écris les nombres et colorie les nombres pairs en rouge et les nombres impairs en bleu.
Write the numbers and colour the even numbers red and the odd numbers blue.

soixante-dix-huit	☐	treize	☐
trente-huit	☐	quatre-vingts	☐
vingt-neuf	☐	soixante-quatorze	☐
quarante et un	☐	trente et un	☐
quatre-vingt-huit	☐	quarante-cinq	☐
quatre-vingt-treize	☐	soixante-six	☐
cinquante-sept	☐	quatre-vingt-douze	☐
soixante et onze	☐	soixante-treize	☐
quatorze	☐	trente-quatre	☐
soixante-neuf	☐	soixante-huit	☐
cinquante-trois	☐	seize	☐
dix-sept	☐	quatre-vingt-dix	☐
quatre-vingt-onze	☐	vingt	☐

Réponds aux questions.

1. Quel est le neuvième mois de l'année? ....
2. Quel est le huitième mois de l'année? ....
3. Quel est le septième mois de l'année? ....
4. Quel est le premier mois de l'année? ....
5. Quel est le cinquième jour de la semaine? ....
6. Quel est le quatrième jour de la semaine? ....
7. Quel est le troisième jour de la semaine? ....
8. Quel est le sixième jour de la semaine? ....
9. Quel est le deuxième jour de la semaine? ....

© Lucy Montgomery t/a Ecole Alouette 2005. This page may be photocopied for use within the purchasing institution only.

Page 30 C'est quelle date aujourd'hui?
What's the date today?

Get Started	This page introduces the date so make sure the children know how to spell all the French numbers from 1 - 31. Don't forget that months of the year, in French, begin with a small letter.
Bullet Questions	**Bullet questions** - Quick firing questions. 1. Est-ce que le nombre dix-sept est pair ou impair? Is 17 odd or even? 2. Est-ce que le nombre quarante-deux est pair ou impair? Is 42 odd or even? 3. Est-ce que le nombre soixante-huit est pair ou impair? Is 68 odd or even? 4. Est-ce que le nombre quinze est pair ou impair? Is 15 odd or even?
Pupil's Book	**Answers** 1. Nous sommes le seize février. Nous sommes le trente juillet. Nous sommes le premier août. 2. Nous sommes le vingt et un août. Il y a du soleil. Il fait chaud. Oui, j'ai chaud. Nous sommes le premier février. Il neige. Il fait froid. Non, j'ai froid.
30:1 Everyone	**Worksheet** Changing singular words into the plural can be difficult. Here is a chance to see if the children have understood the concept.

	Answers 1. **des** livres 2. **les** oiseaux 3. **des** bus 4. **les** gâteaux
	    5. **des** biscuits 6. **les** ordinateurs 7. **des** moutons 8. **des** journ**aux**
	      9. **les** éléphants 10. **des** écoles 11. **des** choux 12. **des** chev**aux**
	    13. **les** billets 14. **les** souris 15. **des** cadeau**x**

30:2 More able	**Worksheet** Learning the dates of the Patron Saints, saints, National Holidays and religious festivals.
	Answers 1. le quatorze février 2. le vingt-cinq décembre 3. le vingt-trois avril 4. le premier mars 5. le dix-sept mars 6. le quatorze juillet
30:3 Relaxing	**Worksheet** A maths sheet to help with numbers and sums.
	Answers 1. **quatre-vingt-dix** (la **viande**) 4. **soixante** (le **beurre**) 2. **trente** (le **pain**) 5. **quarante** (la **pizza**) 3. **quatre-vingts** (les **pâtes**) 6. **soixante-dix** (la **gâteau**)
Test Oral/written	**Revision of vocabulary** la confiture jam le miel honey le lait milk l'oeuf egg la viande meat les pâtes pasta la confiture jam le pain bread

Écris les mots au pluriel.

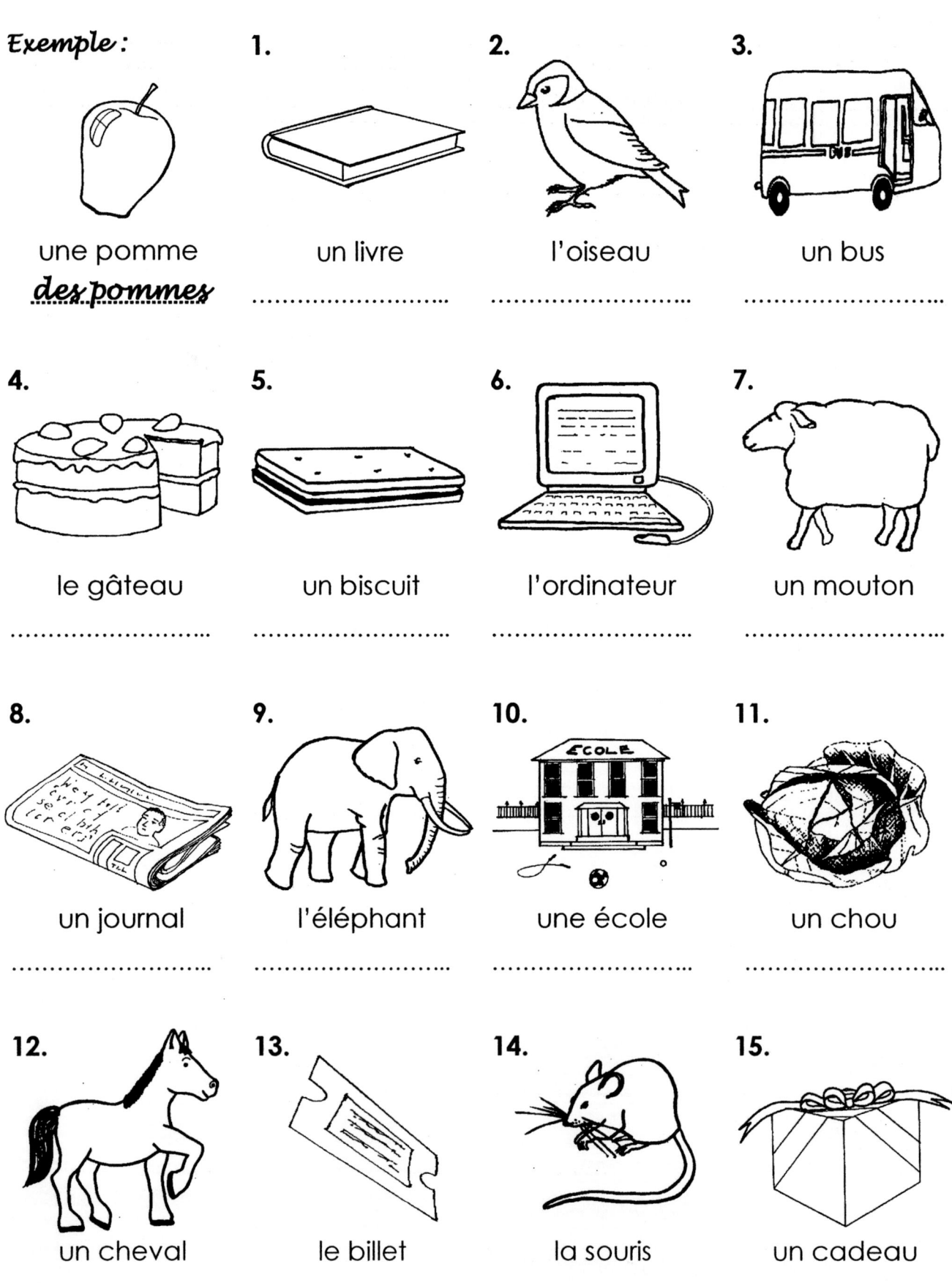

Quelle est la date?

les dates

le dix-sept mars	le vingt-cinq décembre	le quatorze juillet	le quatorze février
le vingt-trois avril	le premier mars	*le trente novembre*	

le vocabulaire

l'Écosse Scotland	la fête name/feast day	Noël Christmas	l'Irlande Ireland
le patron patron saint	l'Angleterre England	le pays de Galles Wales	la fête nationale national holdiay

Exemple
Quelle est la date de la fête de la Saint André, le patron de l'Écosse?

| 30 | 11 | *le trente novembre*

1. Quelle est la date de la fête de la Saint-Valentin?

2. Quelle est la date de Noël?

3. Quelle est la date de la fête de la Saint Georges, le patron de l'Angleterre?

4. Quelle est la date de la fête de la Saint David, le patron du pays de Galles?

5. Quelle est la date de la fête de la Saint Patrick, le patron de l'Irlande?

6. Quelle est la date de la fête nationale en France?

Calcule et écris.

le pain	la pizza	le miel	le beurre	le gâteau	les pâtes	la viande
30	40	50	60	70	80	90
trente	quarante	cinquante	soixante	soixante-dix	quatre-vingts	quatre-vingt-dix

Exemple :
cent : deux = **cinquante** le **miel**
(: is the symbol for ÷ in French)

1. cent – quarante + trente = _____ la _____

2. quatre-vingts : deux – dix = _____ le _____

3. vingt-cinq x quatre – vingt = _____ les _____

4. cinquante – trente x trois = _____ le _____

5. quatre-vingt-dix – dix : deux = _____ la _____

6. cinquante x deux – trente = _____ le _____

Page 31 J'ai faim. - I'm hungry.

Get Started

When you want to say **some** (non-countable) for a feminine French word (la) you say **de la**.
de la confiture - some jam   **de la viande** - some meat

Bullet Questions

Bullet questions - Quick firing questions.
1. Est-ce que tu habites à la campagne?   Do you live in the country?
2. Est-ce que tu habites en France?   Do you live in France?
3. Est-ce que tu habites en Écosse?   Do you live in Scotland?
4. Est-ce que tu habites en ville?   Do you live in the town?

Pupil's Book

Answers
de la crème   **de la** viande   **de la** salade   **de la** glace   **de la** soupe
la pizza (wheat)   **la viande** (cow)   **la glace** (cone)   **la soupe** (tureen)

31:1 Everyone

Worksheet There are three graded options with this worksheet:
EASY: Photocopy the sheet as it is with all the translations.
AVERAGE: Typex® out the English translations. (Keep an original version)
DIFFICULT: Typex® out all the vocabulary. (Keep an original version)

Answers
This worksheet is self-explanatory

31:2 More able

Worksheet
A few extra words which are useful when asking for food.
une tranche - slice   une goutte - drop   un morceau - piece

Answers
1. Je voudrais une goutte de lait.
2. Je voudrais une tranche de saucisson.
3. Je voudrais de la confiture de fraises.
4. Je voudrais un morceau de pizza.
5. Je voudrais de la salade verte.

au citron - lemon   au cassis - blackcurrant   à la menthe - mint
à la framboise - raspberry   au chocolat - chocolate

31:3 Relaxing

Worksheet
Remind the children that the French for **my** is **ma** (f) and **mon** (m).

Answers
1. C'est mon pantalon jaune.
2. C'est ma trousse violette.
3. C'est ma souris blanche.
4. C'est ma chemise bleue.
5. C'est mon livre rouge.
6. C'est mon hamster marron.
7. C'est ma chaussette noire.

Test Oral/written

Revision of vocabulary
à la framboise raspberry (flavour)   au citron lemon   au chocolat chocolate
à la fraise strawberry   à la menthe mint   au cassis blackcurrant

les révisions des fruits et légumes

l'abricot the apricot	la cerise the cherry	la fraise the strawberry	la poire the pear
l'ananas the pineapple	le chou the cabbage	l'oignon the onion	la pomme the apple
la banane the banana	le chou-fleur the cauliflower	l'orange the orange	la pomme de terre the potato
la carotte the carrot	le citron the lemon	les petits pois the peas	la tomate the tomato

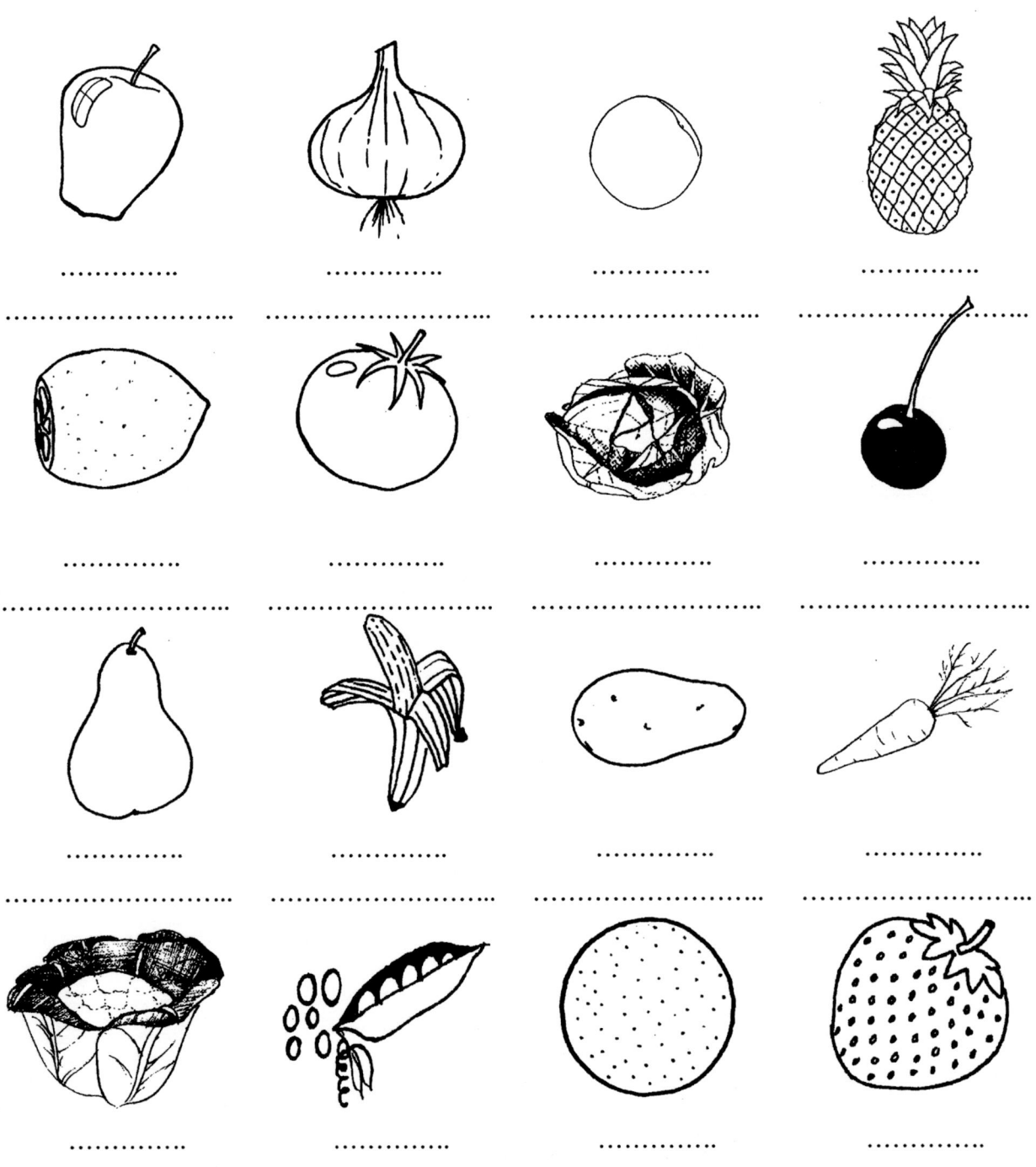

© Lucy Montgomery t/a Ecole Alouette 2005. This page may be photocopied for use within the purchasing institution only.

Vous désirez?

Check you know he difference between **de** (of) and **de la** (some)
a is written **un** (m) or **une** (f)

le vocabulaire

le morceau	la goutte	la soupe	la confiture de fraises	la tranche
the piece	the drop	the soup	the strawberry jam	the slice
la pizza	la glace	la salade	le saucisson	le lait
the pizza	the ice-cream	the salad	salami	the milk

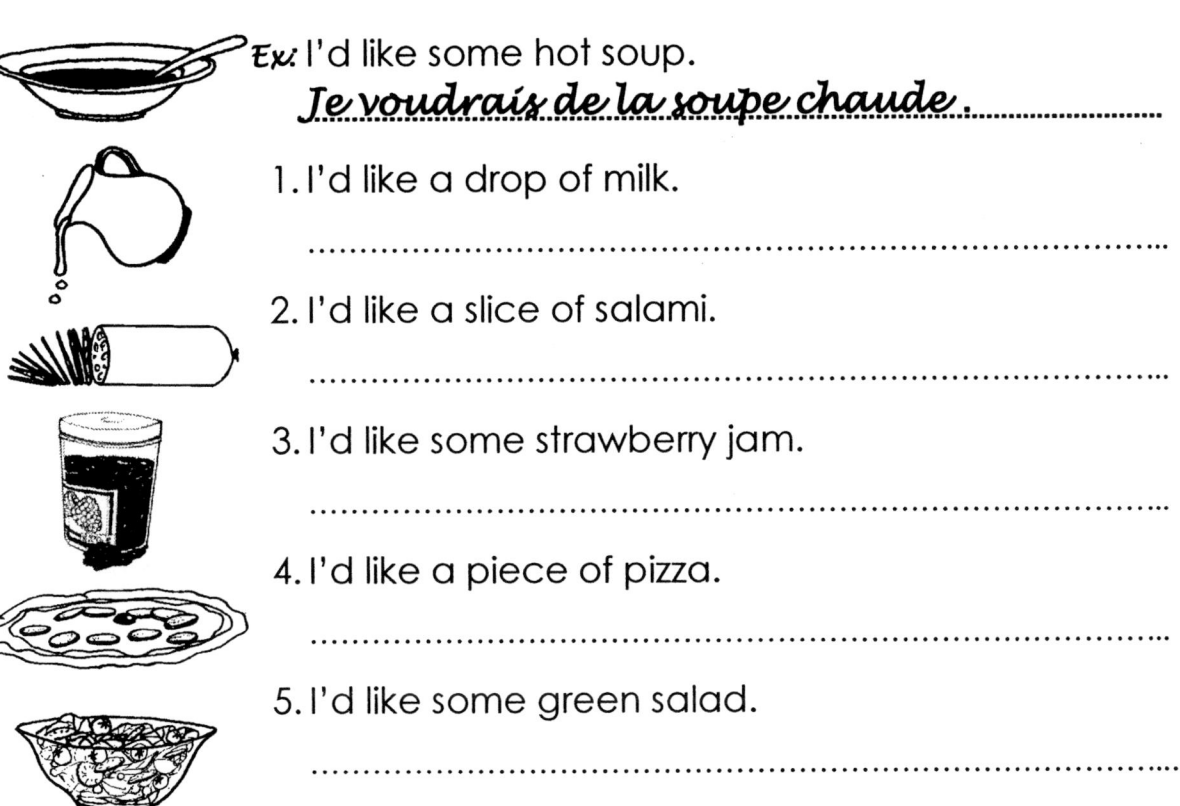

Ex: I'd like some hot soup.
Je voudrais de la soupe chaude.

1. I'd like a drop of milk.
   ....

2. I'd like a slice of salami.
   ....

3. I'd like some strawberry jam.
   ....

4. I'd like a piece of pizza.
   ....

5. I'd like some green salad.
   ....

Colorie les glaces selon leurs parfums.
Colour the ice-creams according to their flavours.

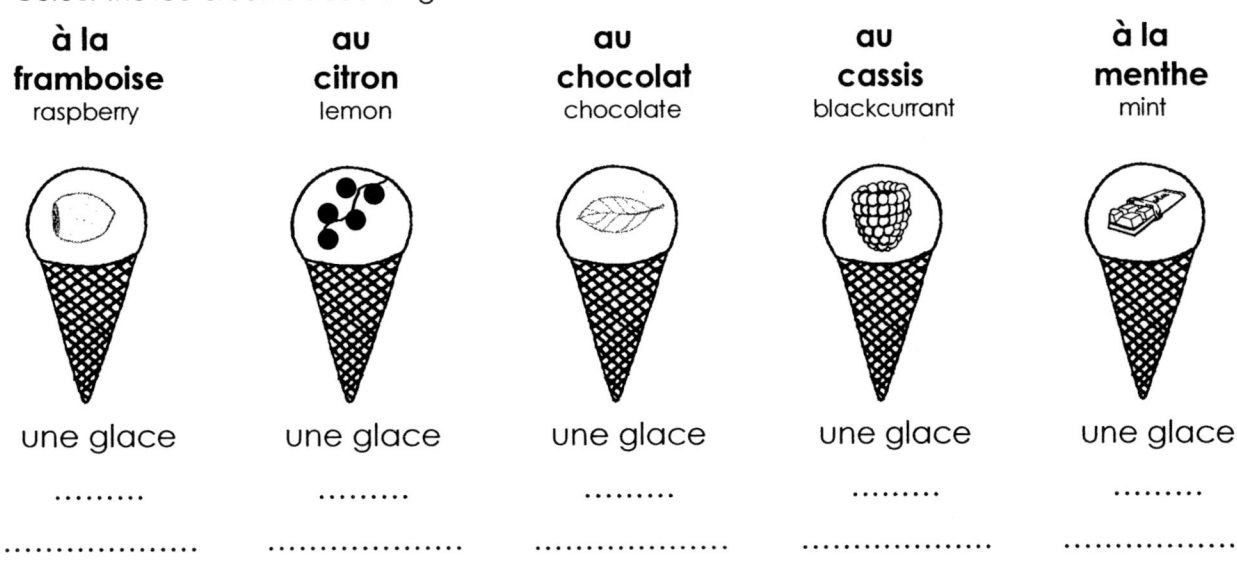

© Lucy Montgomery t/a Ecole Alouette 2005. This page may be photocopied for use within the purchasing institution only.

mon, ma

Vocabulaire

ma (f) - my	mon (m) - my	le pantalon - the trousers
la chaussette - the sock	le hamster - the hamster	la souris - the mouse
la chemise - the shirt	le livre - the book	la trousse - the pencil case

Ex: Qu'est-ce que c'est, Clara?

Clara   vert

"C'est **mon** pull **vert**."

1. Qu'est-ce que c'est, Paul?

jaune   Paul

....

2. Qu'est-ce que c'est, Paul?

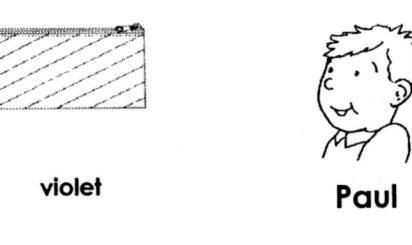

violet   Paul

....

3. Qu'est-ce que c'est, Paul?

blanc   Paul

....

4. Qu'est-ce que c'est, Clara?

Clara   bleu

....

5. Qu'est-ce que c'est, Clara?

Clara   rouge

....

6. Qu'est-ce que c'est, Paul?

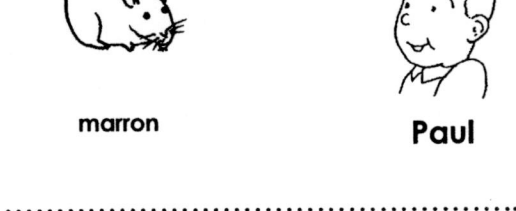

marron   Paul

....

7. Qu'est-ce que c'est, Clara?

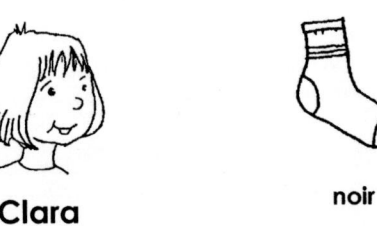

Clara   noir

....

© Lucy Montgomery t/a Ecole Alouette 2005. This page may be photocopied for use within the purchasing institution only.

Page 32 J'ai faim. (ii) - I'm hungry.

Get Started

When you want to say **some** (non-countable) for a masculine French word (**le**) you say **du**.
NB **de** + **le** cannot be written together. They merge into one word **du**.
du pain - some bread   **du sucre** - some sugar

Bullet Questions

Bullet questions - Quick firing questions.
1. Quel temps fait-il en hiver?   What's the weather like in winter?
2. Quel temps fait-il en été?   What's the weather like in summer?
3. Quel temps fait-il au printemps?   What's the weather like in spring?
4. Quel temps fait-il en automne?   What's the weather like in autumn?

Pupil's Book

Answers
du riz   **du** sucre   **du** gâteau   **du** jambon   **du** pain grillé

32:1 Everyone

Worksheet
This is a brain teaser in maths. Following instructions, in French, along the lines of the game "Think of a number…"

Answers
This worksheet is self-explanatory.

32:2 More able

Worksheet
Children find it difficult remembering which is the verb in a sentence. Here they must know the difference between **est** (is) and **sont** (are)

Answers
1. Le riz **est** dans le placard.
2. Le gâteau **est** dans le four.
3. Le beurre **est** dans le frigo.
4. Les frites **sont** dans l'assiette.   *In French **dans** une assiette means **on** a plate
5. Les crêpes **sont** dans la poêle.

32:3 Relaxing

Conversation sheet
Practice reading this page as a class.
Ask a child to choose another child and say one of the food words in English eg **ham**.
The other child has to ask for it in French eg **Je voudrais du jambon, s'il vous plaît.**

GAME: The teacher reads out one of the sentences and a child has to write the word in English or draw a picture on the white board.

Answers
This worksheet is self-explanatory.

Test Oral/written

Revision of vocabulary
la viande meat   la salade salad   la soupe soup
la glace ice-cream   la crème cream   la pizza pizza

Casse-tête
brain teaser

Casse-tête

1. **Choisis un nombre** (Choose)
2. **Multiplie par trois** (Multiply)
3. **Enlève un** (Take away)
4. **Multiplie par trois**
5. **Ajoute le nombre de départ** (Add) (Number first thought of)
6. **Ajoute trois**
7. **Divise par dix** (Divide)

Le résultat est le nombre de départ.

Exemple	1st Attempt	2nd Attempt	3rd Attempt
8			
24			
23			
69			
77			
80			
8			
8			

Casse-tête

1. Choisis un nombre
2. Multiplie par trois
3. Ajoute six
4. Divise par trois
5. Enlève deux

Le résultat est le nombre de départ.

Exemple	1st Attempt	2nd Attempt	3rd Attempt
5			
15			
21			
7			
5			
5			

Quel est le nombre suivant?
What is the next number?

32	24	16
67	60	53
81	72	63
8	16	24

Réponds aux questions.

Don't forget to include the verb in each sentence.

est – is   **sont** - are

le vocabulaire

le sandwich the sandwich	le four the oven	le placard the cupboard	le frigo the fridge	l'assiette the plate
la poêle the frying pan	est is	sont are	dans in (on a plate)	

Écris cinq phrases en décrivant l'image. Write five sentences describing the pictures.

Exemple :   Où **est** le fromage?

   Le fromage est dans le sandwich.

1. Où **est** le riz?

   ....

2. Où **est** la soupe?

   ....

3. Où **est** le beurre?

   ....

4. Où **sont** les frites?

   ....

5. Où **sont** les crêpes?

   ....

Je sais parler français.

  J'ai faim. Je voudrais du riz, s'il vous plaît.

  J'ai faim. Je voudrais de la salade, s'il vous plaît.

 J'ai faim. Je voudrais de la pizza, s'il vous plaît.

  J'ai faim. Je voudrais de la pizza, s'il vous plaît.

 J'ai faim. Je voudrais du jambon, s'il vous plaît.

 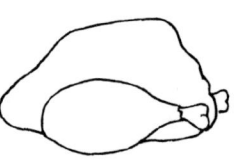 J'ai faim. Je voudrais du poulet, s'il vous plaît.

  J'ai faim. Je voudrais de la glace, s'il vous plaît.

  J'ai faim. Je voudrais de la soupe, s'il vous plaît.

Page 33 J'ai faim (iii) - I'm hungry.

Get Started	When you want to say **some** (countable) meaning more than one you use the French word **des**. NB **de + les** cannot be written together. They merge into one word **des**. **des bonbons** - some sweet**s** **des frites** - some chip**s**
Bullet Questions	**Bullet questions** - Quick firing questions. 1. De quelle couleur sont les coquelicots? What colour are poppies? 2. De quelle couleur sont les jonquilles? What colour are daffodils? 3. De quelle couleur sont les scarabées? What colour are beetles? 4. De quelle couleur sont les feuilles? What colour are leaves?
Pupil's Book	**Answers** **des** chips **des** bonbons **des** crêpes **des** biscuits **des** frites
33:1 Everyone	**Worksheet** This word search requires organizational skills. The children need to cross out/colour all the letters of each word written at the bottom of the page. (The letters of each word should be distinctly marked with it's own symbol or colour to save a complete muddle!) The remaining 8 letters can be made into a new French word.
	Answers **m e r c r e d i**
33:2 More able	**Worksheet** This worksheet requires spelling and observation skills
	Answers un paquet de biscuits quatre croissants un gâteau un kilo de sucre une glace du jambon des bonbons un paquet de chips des crêpes Colour in : the **biscuit**, the spoonful of **sugar**, the **ice-cream**, the **ham**, the **sweet**, the **croissant**, the **cake**, the packet of **crisps** and the **pancakes**
33:3 Relaxing	**Worksheet** A general knowledge quiz where all the answers are already given. The key French words, which may be difficult, have been translated. Some of the answers may not be known in English. This should be an easy piece of work.
	Answers This worksheet is self-explanatory.
Test Oral/written	**Revision of vocabulary** le sucre sugar le riz rice le jambon ham le pain bread le gâteau cake le poulet chicken le beurre butter le lait milk

Quel est le mot caché?

e	s	z	n	c	a	e	u
s	o	i	e	b	u	n	r
m	s	t	r	t	i	z	t
a	i	a	i	c	r	m	a
r	d	u	i	n	b	o	e
e	m	r	u	p	e	i	ê
b	r	i	o	c	ⓜ	p	a
o	c	l	e	i	o	r	e
p	n	r	s	f	e	c	v
z	e	r	f	j	g	d	i

All the letters in the words below can be found in the above grid.
Cross off the letters randomly one by one (a different colour scheme for each word will help)
The remaining letters will make a new word. The first letter has been ringed.

Traduis en anglais et trouve les mots dans la grille.

pizza   crêpe   riz   soupe   beurre   jambon

…………… …………… …………… …………… …………… ……………

viande   croissant   fromage   biscuit   confiture   miel

…………… …………… …………… …………… …………… ……………

le mot caché : **m** __ __ __ __ __ __ __ __

liste de courses

Il y a trop de tâches sur la liste. Réécris-la.

There are too many marks on the list. Rewrite it.

un paquet de bisc
quatre croissants
un gâ u
un kilo de sucre
une gla
du jamb
des b bons
un quet de chips
des crê

....

....

....

....

....

....

....

....

....

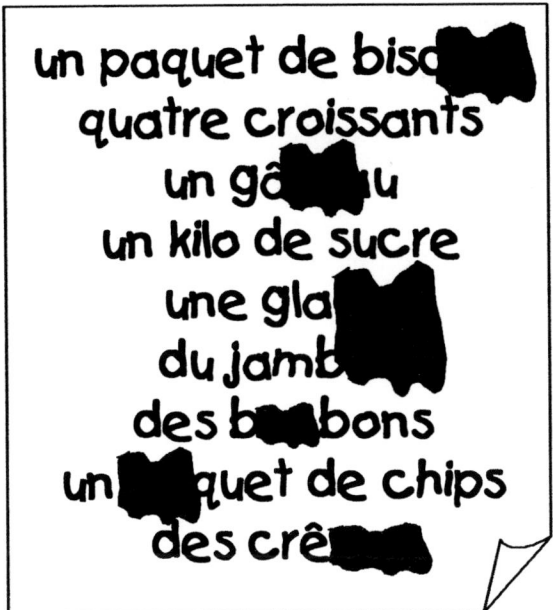

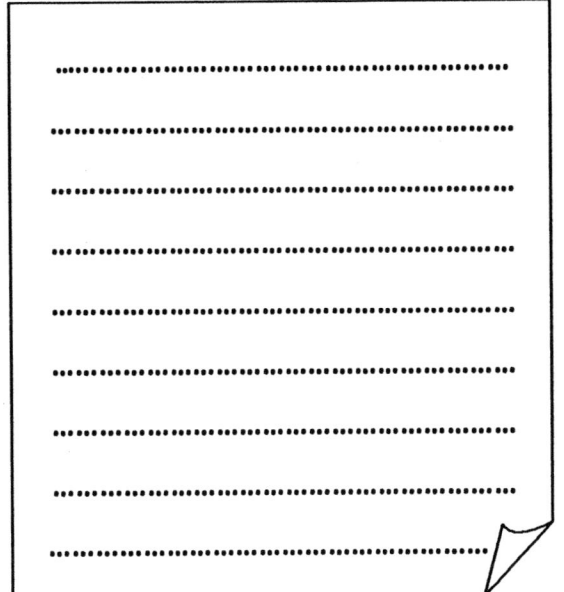

Colorie les dessins qui représentent les mots de la liste.

Colour the pictures which represent the words on the shopping list.

© Lucy Montgomery t/a Ecole Alouette 2005. This page may be photocopied for use within the purchasing institution only.

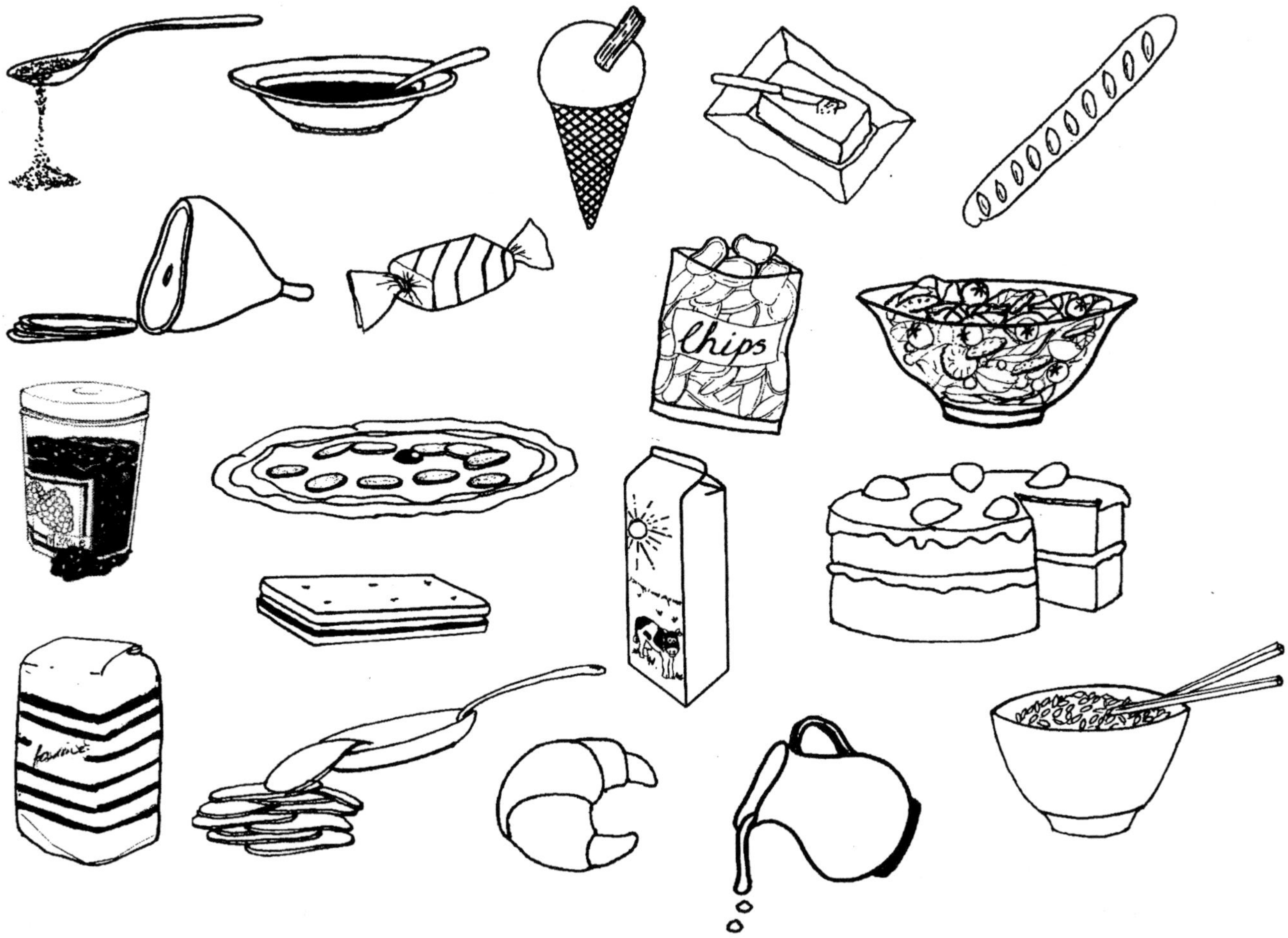

Quiz

les réponses

bâtiment building	Paris Paris	le soleil the sun	froid cold	jaunes yellow
Jules César Julius Caesar	noir black	rouge et jaune red and yellow	l'eau the water	un sapin a Christmas tree
une chenille a caterpillar	le printemps spring	sept seven	les châteaux the castles	compositeur composer

Réponds aux questions avec les réponses ci-dessus.
Answer the questions choosing one of the answers above.

1. Quel *célèbre Romain a déclaré 'Veni, vedi, vici'?   *famous   ....

2. Quel arbre décore-t-on à Noël?   ....

3. Mozart est un célèbre ....

4. H²0 est la composition *chimique de…?   *chemical   ....

5. De quelle couleur est le *charbon?   *coal   ....

6. Combien de couleurs y a-t-il dans un *arc-en-ciel?   *rainbow   ....

7. De quelle couleur sont les taxis à New York?   ....

8. Quelle petite bête devient un papillon?   *creature   ....

9. Dans quelle ville (town) de France se trouve Euro-Disney?   *town   ....

10. Quel est *le plus grand, la lune ou le soleil?   *the biggest   ....

11. Quel est *le pluriel de **château**?   *the plural   ....

12. De quelle couleur est le drapeau *espagnol?   *Spanish   ....

13. Quel est *le contraire de **chaud**?   *the opposite   ....

14. Le Taj Mahal est un célèbre…   ....

15. Quelle saison commence le 21 mars?   ....

loto

de la viande	de la pizza	de l' eau
de la glace	des bonbons	de la salade
des chips	du gâteau	du sucre

de la glace	de la salade	des croissants
de la soupe	du café	des biscuits
du vin	du jambon	du poulet

de la soupe	du gâteau	du coca
du jambon	du vin	de la pizza
des bonbons	de la glace	du sucre

du jambon	du sucre	du chocolat
du gâteau	de l' eau	de la viande
du poulet	du riz	du café

du poulet	du riz	du coca
du sucre	des biscuits	des croissants
du jambon	de l' eau	de la salade

des crêpes	des biscuits	de la viande
du poulet	du riz	du coca
du gâteau	des croissants	du thé

des chips	des bonbons	de la salade
des crêpes	du chocolat	de la soupe
du riz	du coca	de la viande

du café	du vin	de la salade
des chips	du thé	de la glace
du chocolat	des crêpes	de la pizza

✂ ··

Teacher's check list
Cross off each word as you read it out.

some meat	some pizza	some salad	some ice-cream	some soup	some cake	some ham
some sugar	some chicken	some rice	some pancakes	some biscuits	some crisps	some sweets
some coffee	some wine	some water	some croissants	some coke	some chocolate	some tea

© Lucy Montgomery t/a Ecole Alouette 2005. This page may be photocopied for use within the purchasing institution only.

mots cachés

k	h	j	g	e	p	u	o	s	d	f	g
s	u	c	r	e	w	q	s	j	k	g	h
x	z	p	l	k	j	e	g	h	v	b	c
e	c	a	l	g	p	w	j	y	p	q	t
h	j	k	c	ê	v	b	a	z	i	x	e
r	q	w	r	r	h	t	m	d	z	f	l
i	m	c	n	v	u	i	b	c	z	x	u
z	y	u	r	a	e	u	o	q	a	d	o
k	j	h	e	g	f	c	n	d	v	b	p
z	x	t	c	f	y	s	q	w	k	j	g
x	â	b	m	j	p	i	y	q	x	z	q
g	t	y	w	m	n	b	s	f	u	e	o
z	w	t	b	o	n	b	o	n	l	k	h

le vocabulaire   Only look for the main words written in bold letters.

le **gâteau**   la **soupe**   la **pizza**   la **glace**   le **biscuit**   les **crêpes**

le **bonbon**   le **riz**   le **jambon**   le **poulet**   le **sucre**   les **oeufs**

Je sais parler français.

 Lundi, je vais acheter du jambon à la charcuterie.

 Mardi, je vais acheter une boîte de soupe au supermarché.

 Mercredi, je vais acheter des frites au magasin.

 Jeudi, je vais acheter du pain à la boulangerie.

 Vendredi, je vais acheter un gâteau à la pâtisserie.

 Samedi, je vais acheter des bonbons au magasin.

 Dimanche, je vais acheter un journal au tabac.

 Ce week-end, je vais acheter une glace au magasin.

bilan

Traduis en français. Translate into French.

1. I'd like some chicken, please.
....
2. I'd like some rice, please.
....
3. I'd like some sugar, please.
....
4. I'd like some salad, please.
....
5. I'd like some pizza, please.
....

5

Révision de vocabulaire - traduis en français

1. some ice-cream   4. some meat   7. some sweets
....
2. some ham   5. some cake   8. some biscuits
....
3. some soup   6. some bread   9. some chips
....

9

Quelle est la date? Write each number in full.

1. It's 18th November.   ....
2. It's 21st April.   ....
3. It's 19th July.   ....
4. It's 16th February.   ....
5. It's 1st August.   ....
6. It's 14th January.   ....

6

Traduis en anglais.

1. Est-ce que tu as froid?   ....
2. Est-ce que tu as faim?   ....
3. Est-ce que tu as chaud?   ....
4. Tu as très froid?   ....
5. Tu as soif?   ....

5

TOTAL MARKS ‾‾‾‾‾‾‾

25

© Lucy Montgomery t/a Ecole Alouette 2005. This page may be photocopied for use within the purchasing institution only.

Tu tu do do

Comment t'appelles-tu tu tu tu?
Je m'appelle Ludo do do do
Quel âge as-tu tu tu tu?
Aujourd'hui j'ai huit ans
Où habites-tu tu tu tu?
J'habite à Paris ris ris ris
Merci Ludo au revoir

Comment t'appelles-tu tu tu tu?
Je m'appelle Marie rie rie rie
Quel âge as-tu tu tu tu?
Aujourd'hui j'ai sept ans
Où habites-tu tu tu tu?
J'habite à Paris ris ris ris
Merci Marie au revoir

You you do do

What are you called called called called?
I'm Ludo do do do
How old are you you you you?
Today I'm eight
Where do you live live live live?
I live in Paris ris ris ris
Thank you Ludo goodbye

What are you called called called called?
I'm Marie rie rie rie
How old are you you you you?
Today I'm seven
Where do you live live live live?
I live in Paris ris ris ris
Thank you Marie goodbye

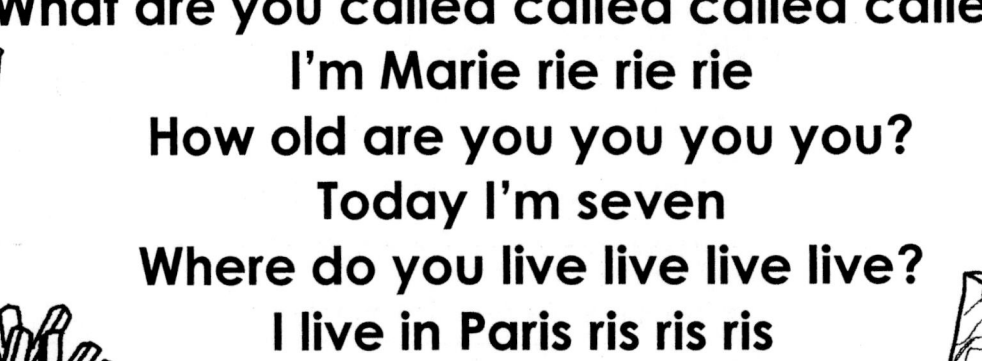
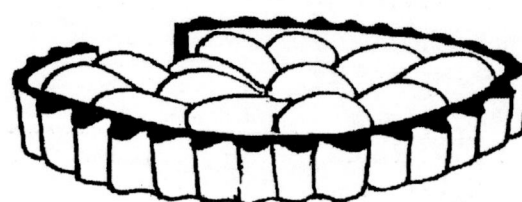

This is a translation only. It does not necessarily fit the tune of the song.

Page 36 J'ai soif. - I'm thirsty.

Get Started	In the pupil's book there is a list of drink containers ie a glass of, a bottle of, a cup of Remind the children that the French for **of** is **de**. NB un verre **d'**eau – a glass of water (de becomes d' before a vowel)
Bullet Questions	**Bullet questions** - Quick firing questions. 1. Combien de pattes (animal legs) a un cheval? How many legs has a horse? 2. Combien de pattes a une araignée? How many legs has a spider? 3. Combien de pattes a une fourmi? How many legs has an ant? 4. Est-ce que les poissons ont des pattes? Do fish have legs?
Pupil's Book	**Answers** 1. **une canette de** coca 2. **un verre d'**eau 3. **une bouteille de** coca 4. **une canette de** limonade 5. **une tasse de** café 6. **une carafe d'**eau 7. **un verre de** limonade 8. **une tasse de** thé 9. **une bouteille d'**eau
36:1 Everyone	**Worksheet** Go over the vocabulary before attempting this simple exercise. un paquet de (a packet of) un pot de (a pot/jar of) une bouteille de (a bottle of) une tasse de (a cup of) un verre de (a glass of) une tranche de (a slice of)
	Answers This worksheet is self-explanatory.
36:2 More able	**Worksheet** Fill in the description of each picture and translate into English. Remind the children that **le** and **la** - the **de** - of **un** and **une** - a svp (s'il vous plait)
	Answers 1. **un verre de lait** I'd like a glass of milk, please. 2. **une tasse de café** I'd like a cup of coffee, please. 3. **une bouteille d'eau** I'd like a bottle of water, please. 4. **une tasse de thé** I'd like a cup of tea, please. 5. **une canette de limonade** I'd like a can of lemonade, please. 6. **un verre de coca** I'd like a glass of coke, please.
36:3 Relaxing	**Worksheet** A maths challenge revising wildlife animals and numbers.
	Answers 1. **30 : 15** = le renard **(2)** 2. **30 + 20 - 10** = la taupe **(40)** 3. **2 x 15** = le rat **(30)** 4. **2 x 20 + 10** = le hibou **(50)** 5. **40 : 2 - 10** = lièvre **(10)** 5. **50 - 20 : 2** = le hérisson **(15)** The hidden word : a b e i l l e (bee)
Test Oral/written	**Revision of vocabulary** le sucre sugar le riz rice le jambon ham le pain bread le gâteau cake le poulet chicken le beurre butter le lait milk

Je voudrais......

le vocabulaire

un paquet de chips	un pot de confiture	une bouteille d'eau	une tasse de café
un verre de coca	une tranche de jambon	un paquet de pâtes	une tasse de chocolat
un pot de miel	une tasse de thé	une canette de limonade	une tranche de pain

....

 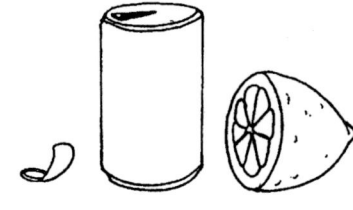 

....

....

  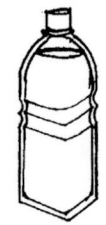  

....

J'ai soif.

le vocabulaire		svp (s'il vous plaît) please	le thé the tea	le chocolat the chocolate
la canette the can	la tasse the cup	la bouteille the bottle	le lait the milk	la limonade the lemonade
l'eau the water	le café the coffee	le verre the glass	le coca the coke	chaud/froid hot/cold

Exemple:

Je voudrais ____une tasse de chocolat____, svp.

____I'd like a cup of chocolate, please.____

1. Je voudrais ...., svp.

....

2. Je voudrais ...., svp.

....

3. Je voudrais ...., svp.

....

4. Je voudrais ...., svp.

....

5. Je voudrais ...., svp.

....

6. Je voudrais ...., svp.

....

© Lucy Montgomery t/a Ecole Alouette 2005. This page may be photocopied for use within the purchasing institution only.

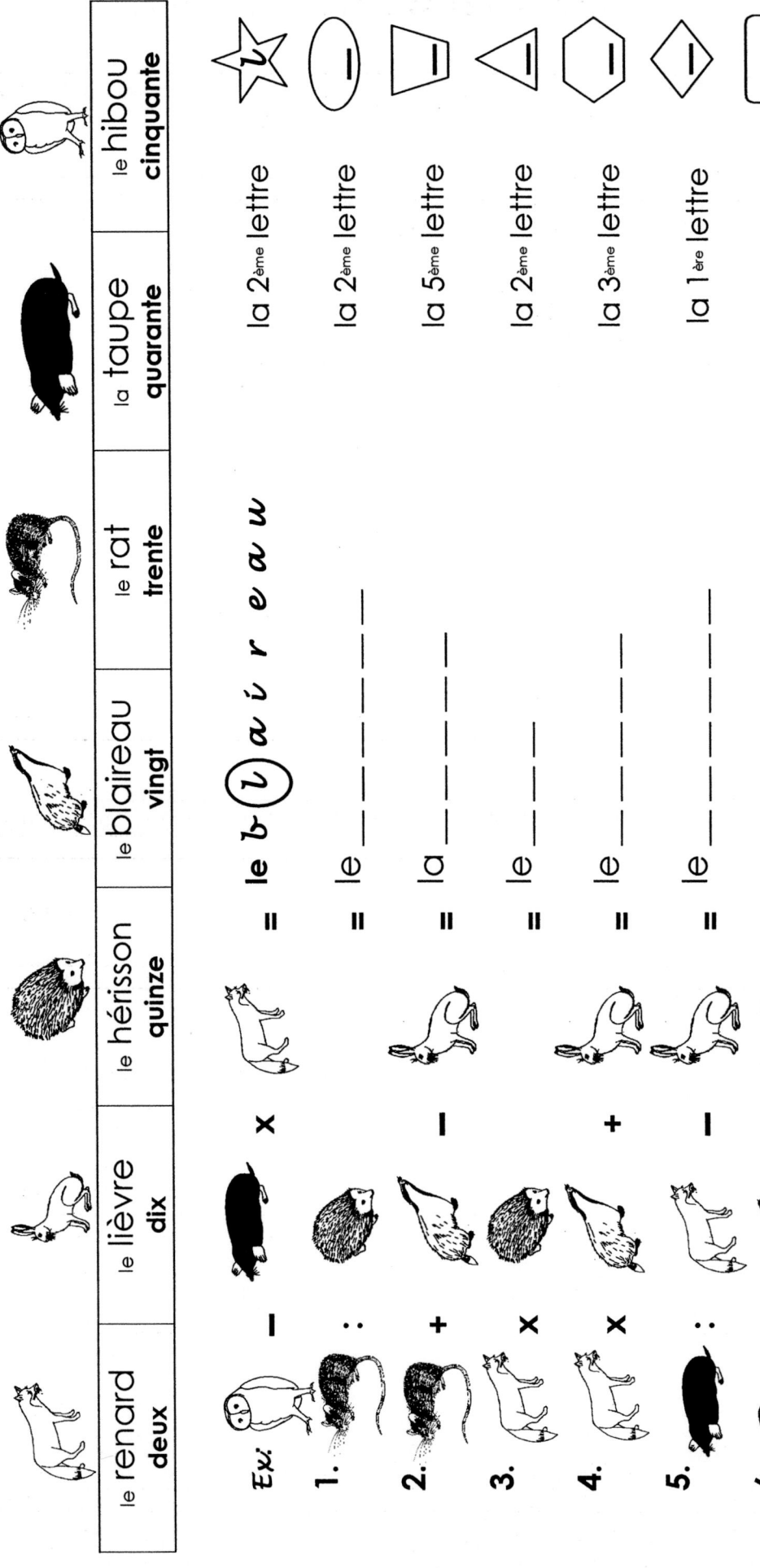

Page 37 les adjectifs (i) - adjectives

Get Started
The **masculine** adjective is written on the **left** and the **feminine** on the **right**. Sometimes they are the same and sometimes the feminine adjectives are different. eg **sec/sèche** (dry)

Bullet Questions

Bullet questions - Quick firing questions.
1. Est-ce que tu as les cheveux longs? — Have you got long hair?
2. Tu as les cheveux courts? — Have you got short hair?
3. Est-ce que tu es grand/grande? — Are you tall?
4. Tu es petit/petite? — Are you small?

Pupil's Book

Answers
1. grande 2. mouillé 3. froide 4. mouillée 5. chaude 6. sèche
7. gros 8. sec 9. chaud
f f m m f m m m f m m

37:1 Everyone

Worksheet
Choose the correct adjective for each word.
The words beginning with **la** are **feminine** (choose the feminine adjective)
                                      le are **masculine** (choose the masculine adjective)
Just add an **S** to make the adjectives plural.

Answers
1. sec/secs 2. froide/froides 3. petite/petites 4. froid/froids
5. grande/grandes 6. blanche/blanches 7. vert/verts 8. bleue/bleues

37:2 More able

Worksheet
Changing **ma (f)** my to **ta (f)** you) and **mon (m)** my to **ton (m)** your.
Writing the opposite of each adjective.

Answers
1. Ton chapeau est noir.
2. Ta serviette est sèche.
3. Ton croissant est froid.
4. Ton frère est petit.
5. Ton short est mouillé.
6. Ta soupe est chaude.
7. Ton chat est blanc.
8. Tes chiens sont grands.
9. Tes pâtes sont froides.
10. Tes mains sont sèches.
11. Tes souris sont noires.
11. Tes chausettes sont mouillées.

37:3 Relaxing

Worksheet A maths sheet measuring.
Find the length of each animal and write it in centimetres.
There is a letter for each measurement – these letters form a hidden word.

Answers
1. douze centimètres   s   4. sept centimètres   o
2. neuf centimètres   a   5. treize centimètres   n
3. huit centimètres   v   SAVON soap

Test Oral/written

Revision of vocabulary
la tasse cup   le verre glass   le paquet packet   la tranche slice
la bouteille bottle   la canette can   le pot pot/jar   le morceau bit/piece

Choisis le bon adjectif.

Écris et entoure le bon adjectif.
When the noun being described is in the plural you need to add an **S** to the adjective.

Ex: La chemise	est	_mouillée_	mouillé (mouillée)
Les chemise**s**	**sont**	_mouillées_	
1. Le singe	est	....	sec/sèche
Les singes	sont	....	
2. La glace	est	....	froid/froide
Les glaces	sont	....	
3. La souris	est	....	petit/petite
Les souris	sont	....	
4. Le gâteau	est	....	froid/froide
Les gâteaux	sont	....	
5. La girafe	est	....	grand/grande
Les girafes	sont	....	
6. La chaussette	est	....	blanc/blanche
Les chaussettes	sont	....	
7. Le pull	est	....	vert/verte
Les pulls	sont	....	
8. L'écharpe (f)	est	....	bleu/bleue
Les écharpes	sont	....	

© Lucy Montgomery t/a Ecole Alouette 2005. This page may be photocopied for use within the purchasing institution only.

les contraires

Change **my** to **your** and write the opposite adjective.

blanc/blanche	froid/froide	mouillé/mouillée	grand/grande
noir/noire	chaud/chaude	sec/sèche	petit/petite

Exemple: **Mon** vélo est **petit**.

Ton vélo est grand.

1. **Mon** chapeau est **blanc**.
   ....

2. **Ma** serviette est **mouillée**.
   ....

3. **Mon** croissant est **chaud**.
   ....

4. **Mon** frère est **grand**.
   ....

5. **Mon** short est **sec**.
   ....

6. **Ma** soupe est **froide**.
   ....

7. **Mon** chat est **noir**.
   ....

8. **Mes** chiens sont **petits**.
   ....

9. **Mes** pâtes sont **chaudes**.
   ....

10. **Mes** mains sont **mouillées**.
    ....

11. **Mes** souris sont **blanches**.
    ....

12. **Mes** chaussettes sont **sèches**.
    ....

Mesure les animaux et trouve le mot caché.

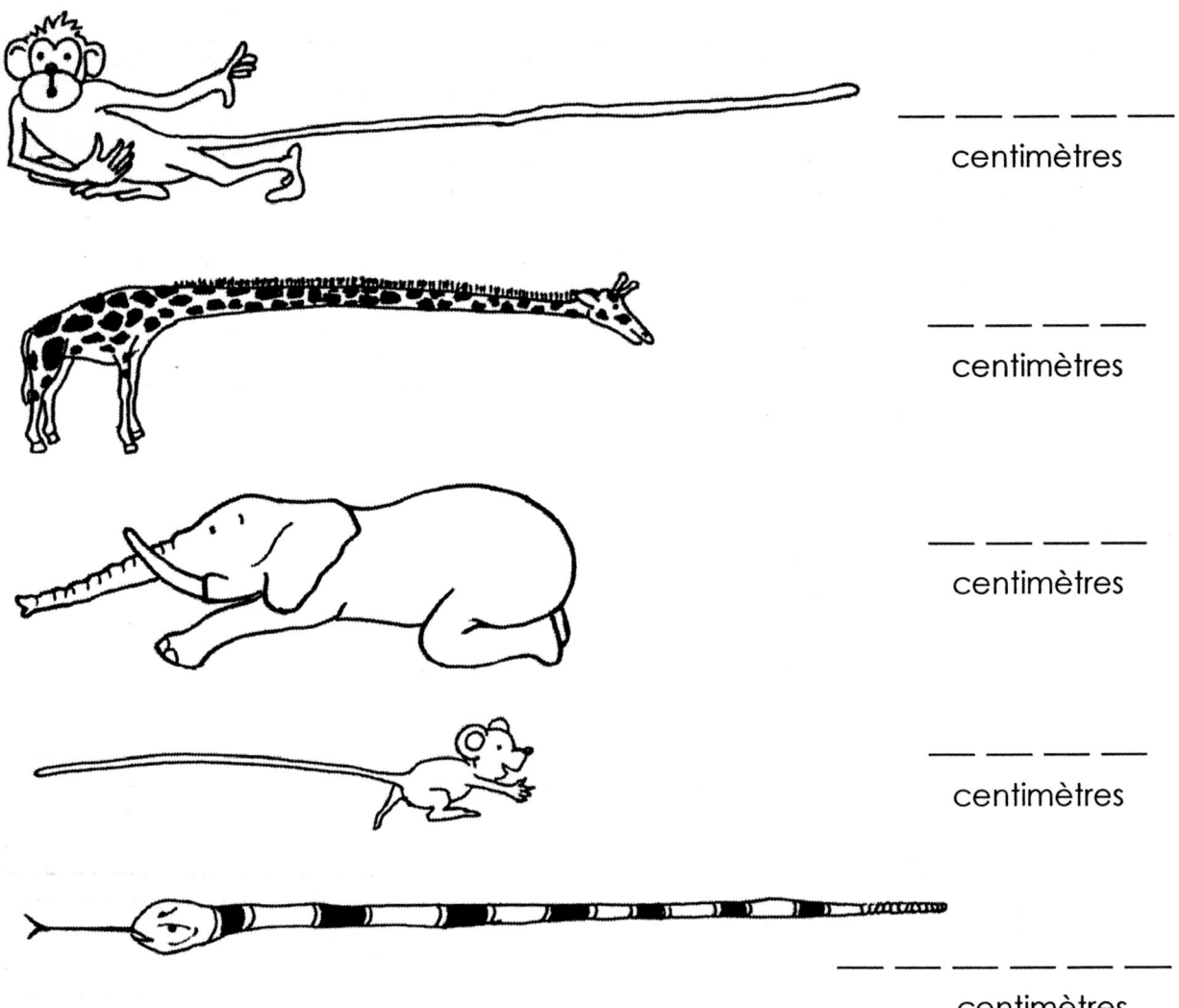

___ ___ ___ ___ centimètres

___ ___ ___ ___ centimètres

___ ___ ___ ___ centimètres

___ ___ ___ ___ centimètres

___ ___ ___ ___ ___ ___ centimètres

six cms	sept cms	huit cms	neuf cms	dix cms	onze cms	douze cms	treize cms
b	o	v	a	r	p	s	n

Mesure les animaux et écris les résultats. Write the numbers out in full.

1. Le singe mesure ....
2. La girafe mesure ....
3. L'éléphant mesure ....
4. La souris mesure ....
5. Le serpent mesure ....

le mot caché : le __ __ __ __ __ **en anglais** __ __ __

Page 38 les adjectifs (ii) - adjectives

Get Started	The **masculine** adjective is written on the **left** and the **feminine** on the **right**. Sometimes they are the same and sometimes the feminine adjectives are different. eg **court/courte** (short)
Bullet Questions	**Bullet questions** - Quick firing questions. 1. Quelle sorte d'animal est Mickey? What kind of animal is Mickey? 2. Quelle sorte d'animal est Babar? What kind of animal is Babar? 3. Quelle sorte d'animal est Goofey? What kind of animal is Goofey? 4. Quelle sorte d'animal est Simba? What kind of animal is Simba?
Pupil's Book	**Answers** 1. Mon livre est fermé. 2. Mon canapé est vieux. 3. Ma jupe est courte. 4. Mon crayon est long. 5. Ma voiture est nouvelle. ouverte fermé longue ouverte vieux
38:1 Everyone	**Worksheet** There are three graded options with this worksheet: EASY: Photocopy the sheet as it is with all the translations. AVERAGE: Typex® out the English translations. (Keep an original version) DIFFICULT: Typex® out all the vocabulary. (Keep an original version) **Answers** This worksheet is self explanatory
38:2 More able	**Worksheet** Rewriting each sentence using the opposite adjective. **Answers** 1. Non, la girafe est grande. 2. Non, le gâteau est chaud. 3. Non, la chemise est mouillée. 4. Non, le nounours est sec. 5. Non, la pizza est chaude. 6. Non, la serviette est sèche. 7. Non, la glace est froide.
38:3 Relaxing	**Worksheet** revision of vocabulary **Answers** 1. **POULET** chicken 4. **VIANDE** meat 2. **BONBON** sweet 5. **BEURRE** butter 3. **JAMBON** ham 6. **FRITES** chips
Test Oral/written	**Revision of vocabulary** mouillé wet chaud hot gros fat sec dry froid cold petit small

Je voudrais...

du (le), **de la** (la), **des** (les)

le vocabulaire

le pain the bread	la pizza the pizza	les biscuits the biscuits	le sucre the sugar
le gâteau the cake	les bonbons the sweets	le riz the rice	la glace the ice-cream
les céréales the cereal	le lait the milk	le jambon the ham	le poulet the chicken
les frites the chips	la salade the salad	les crêpes the pancakes	les pâtes the pasta

Exemple: *du pain*

1.
2.
3.
4.
5.
6.
7.
8.
9.
10.
11.
12.
13.
14.
15.

© Lucy Montgomery t/a Ecole Alouette 2005. This page may be photocopied for use within the purchasing institution only.

Réponds aux questions.

le vocabulaire			sec/sèche	froid/froide
petit/petite	mouillé/mouillée	chaud/chaude	grand/grande	gros/grosse

Réponds aux questions. Reply to each question starting with Non, followed by the opposite word.

Exemple : Est-ce que l'éléphant(m) est petit?

Non, l'éléphant est gros.

1. Est-ce que **la** girafe est petite?
   ....

2. Est-ce que **le** gâteau est froid?
   ....

3. Est-ce que **la** chemise est sèche?
   ....

4. Est-ce que **le** nounours est mouillé?
   ....

5. Est-ce que **la** pizza est froide?
   ....

6. Est-ce que **la** serviette est mouillée?
   ....

7. Est-ce que **la** glace est chaude?
   ....

Trouve les lettres et écris les mots.

Write the first letter of each French word represented by the picture.

le vocabulaire	le drapeau	la jupe	le nounours	l' ordinateur	la robe	l' empreinte
l' ananas	la basket	l' escargot	le lion	le nuage	la pizza	la souris	l' univers
l' avion	le biscuit	l' igloo	le mouton	l' oeuf	le renard	la table	la vache

1.
2.
3.
4.
5.
6.

Écris les mots en anglais.

1. .... 4. ....

2. .... 5. ....

3. .... 6. ....

Page 39 les adjectifs (iii) - adjectives

Get Started

The **masculine** adjective is written on the **left** and the **feminine** on the **right**. Sometimes they are the same and sometimes the feminine adjectives are different. eg **gentil/gentille** (kind)
Je suis – I am   Je **ne** suis **pas** – I'm not

Bullet Questions

Bullet questions - Quick firing questions.
1. Combien de voyelles y a-t-il ?   How many vowels are there?
2. Combien de lettres y a-t-il dans l'alphabet?   How many letters/alphabet?
3. Combien de mois y a-t-il dans une année?   How many months/year?
4. Combien de jours y a-t-il dans une semaine?   How many days/week?

Pupil's Book

Answers
1. **heureuse** 2. **fatigué** 3. **gentille** 4. **sportif** 5. **malade** 6. **drôle**
7. **sportive** 8. **gentil** 9. **heureux**

1. **f** 2. **m** 3. **m** 4. **m** 5. **f** 6. **f** 7. **f** 8. **f**

39:1 Everyone

Worksheet Circle the correct adjective and translate it into English. Write the number of each sentence in the box which corresponds to the correct translation.
Remember: **mon** = masculine (1st adjective) **ma** = feminine (2nd adjective).

Answers 1. triste/tired 2. gentile/kind 3. drôle/funny 4. fermée/shut
5. heureux/happy 6. malade/ill 7. chaude/hot 8. drôle/funny
9. froide/cold 10. heureuse/happy 11. sèche/dry 12. gentil/kind
13. mouillé/wet 14. malade/ill 15. sportive/sporty 16. nouveau/new
17. ouverte/open 18. heureux/happy 19. gentil/kind

39:2 More able

Worksheet
These common articles of clothing are **singular** in **French** but **plural** in **English**. This often causes confusion.

Answers
1. Mon pyjama est jaune.
2. Est-ce que ton pyjama est jaune?
3. Mon short est orange.
4. Est-ce que ton short est oarnage?
5. Mon slip est blanc.
6. Est-ce que ton slip est blanc?
6. Mon pantalon est marron.
8. Est-ce que ton pantalon est marron?
9. Ma salopette est violette.
10. Est-ce que ta salopette est violette?

39:3 Relaxing

Worksheet
Revision of vocabulary using pairs and opposites.

Answers
1. fourchette 2. fermé 3. frère 4. main 5. petit 6. garage
7. vache 8. chambre 9. été

Test Oral/written

Revision of vocabulary

| court short | fermé shut | nouveau new | vieux old |
| long long | ouvert open | jeune young | paresseux lazy |

Entoure le bon adjectif.

☐ my father ☐ my pizza ☐ my window ☐ Marie ☐ my mother
☐ my grandmother ☐ my towel ☐ my friend(f) ☐ my sister ☐ my pen
☐ my soup ☒ my brother ☐ Pauline ☐ my cat ☐ my teacher
☐ my grandfather ☐ my jumper ☐ my friend(m) ☐ my door ☐ my dog

Entoure le bon adjectif et traduis-le en anglais.
Circle the correct adjective and translate it into English.
Find the English translation of the subject of each sentence and write the number of the sentence in the box.

Ex : Mon frère est ⟨fatigué⟩/fatiguée   ......tired......

1. Pauline est triste/triste   ....
2. Ma mère est gentil/gentille   ....
3. Mon père est drôle/drôle   ....
4. Ma fenêtre est fermé/fermée   ....
5. Mon professeur est heureux/heureuse   ....
6. Ma sœur est malade/malade   ....
7. Ma pizza est chaud/chaude   ....
8. Mon chien est drôle/drôle   ....
9. Ma soupe est froid/froide   ....
10. Marie est heureux/heureuse   ....
11. Ma serviette est sec/sèche   ....
12. Mon chat est gentil/gentille   ....
13. Mon pull est mouillé/ mouillée   ....
14. Ma grand-mère est malade/malade   ....
15. Mon *amie est sportif/sportive   ....
16. Mon stylo est nouveau/nouvelle   ....
17. Ma porte est ouvert/ouverte   ....
18. Mon grand-père est heureux/heureuse   ....
19. Mon ami est gentil/gentille   ....

amie is feminine but in order to make the pronunciation easier (it begins with a vowel), the French say **mon** amie.

les vêtements

These items of clothing are singular in French and plural in English.
My trousers **are** green.   Mon pantalon **est** vert.

le vocabulaire

le pantalon the (pair of) trousers	le jean the (pair of) jeans	le short the (pair of) shorts
le pyjama the (pair of) pyjamas	le slip the (pair of) pants	la salopette the (pair of) dungarees

Exemple: My jeans are blue.

Mon jean est bleu.

Are your jeans blue?

Est-ce que ton jean est bleu?

1. My pyjamas are yellow.

2. Are your pyjamas yellow?

3. My shorts are orange.

4. Are your shorts orange?

5. My pants are white.

6. Are your pants white?

7. My trousers are brown.

8. Are your trousers brown?

9. My dungarees are purple.

10. Are your dungarees purple?

© Lucy Montgomery t/a Ecole Alouette 2005. This page may be photocopied for use within the purchasing institution only.

forme les paires

le vocabulaire

la chaise the chair	la cuisine the kitchen	le frère the brother	la main the hand	le pied the foot
la chambre the bedroom	l'été the summer	froid cold	mouillé wet	le train the train
le cochon the pig	fermé shut	le garage the garage	le père the father	la vache the cow
court short	la fourchette the fork	jeune young	petit small	la voiture the car

Exemple. chaud — *froid*

1. table
2. vieux
3. mère
4. chaussure
5. long
6. train
7. jambon
8. frigo
9. neige

Ex: **chaud** va avec **froid** comme **sec** (dry) va avec *mouillé*

1. **table** va avec **chaise** comme **couteau** (knife) va avec ....
2. **vieux** va avec **jeune** comme **ouvert** (open) va avec ....
3. **mère** va avec **père** comme **sœur** (sister) va avec ....
4. **chaussure** va avec **pied** comme **gant** (glove) va avec ....
5. **long** va avec **court** comme **grand** (big) va avec ....
6. **train** va avec **gare** comme **voiture** (car) va avec ....
7. **jambon** va avec **cochon** comme **steak** (beef) va avec ....
8. **frigo** va avec **cuisine** comme **lit** (bed) va avec ....
9. **neige** va avec **hiver** comme **soleil** (sun) va avec ....

Page 40 les pronoms - pronoms

Get Started	In this chapter, the children are introduced to the pronouns **it**, **he** and **she**. Make sure they know that **it** (le words) = **il** (he) **it** (la words) = **elle** (she) It is difficult for English speakers to understand that the French language uses **he** and **she** for objects and people.
Bullet Questions 💬	**Bullet questions** - Quick firing questions. 1. Comment est ta mère? — What's your mother like? 2. Comment est ton père? — What's your father like? 3. Comment est ton instituteur/institutrice? — What's your teacher like? 4. Comment est ton ami/amie? — What's your friend like?
Pupil's Book	**Answers** 1. **Oui, il est sage.** 2. **Oui, il est amusant.** 3. **Oui, elle est froide.** 4. **Oui, elle est nouvelle.** 5. **Oui, elle est sèche.** Non, il **n'**est **pas** triste. Non, elle **n'**est **pas** fatiguée.
40:1 Everyone	**Worksheet** All the colours (both masculine and feminine) have been written at the top of the page. The children must choose the correct colour for each noun then rewrite the sentence using a pronoun.
	Answers 1. verte/elle 2. rouge/il 3. jaune/il 4. rose/elle 5. orange/il 6. blanche/elle 7. gris/il 9. violette/elle 9. marron/il
40:2 More able	**Worksheet** More practise on adjectives agreeing with the nouns they describe and replacing the noun with a pronoun. (All the French adjectives are written each side of the page)
	Answers 1. Oui, **il** est **beau.** 5. Oui, **elle** est **heureuse.** 2. Oui, **elle** est **chaude.** 6. Oui, **elle** est **drôle.** 3. Oui, **il** est **fatigué.** 7. Oui, **elle** est **triste.** 4. Oui, **il** est **froid.** 8. Oui, **elle** est **vilaine.**
40:3 Relaxing	**Worksheet** A general knowledge quiz to see if the children can understand the questions by focusing on the key words.
	Answers This worksheet is self-explanatory.
Test Oral/written	**Revision of vocabulary** drôle funny malade ill triste sad est is fatigué tired heureux happy sportif sporty n'est pas isn't

Complète les phrases avec un pronom et la couleur qui manque.

	bleu	rouge	rose	orange	marron	vert	blanc	violet	gris	jaune
masculin le	bleu	rouge	rose	orange	marron	vert	blanc	violet	gris	jaune
féminin la	bleu**e**	rouge	rose	orange	marron	ver**te**	blan**che**	viole**tte**	gris**e**	jaune

Exemple: La robe est *bleue.*
　　　　　 Elle est *bleue.*

1. La chemise est ....
   .... est ....

2. Le manteau est ....
   .... est ....

3. Le bonnet est ....
   .... est ....

4. La jupe est ....
   .... est ....

5. Le tee-shirt est ....
   .... est ....

6. La chaussette est ....
   .... est ....

7. Le gant est ....
   .... est ....

8. L' écharpe (f) est ....
   .... est ....

9. Le chapeau est ....
   .... est ....

Choisis et écris le bon adjectif.

| 1. good looking | 2. hot | 3. tired | 4. cold |
| 5. happy | 6. funny | 7. sad | 8. naughty |

Réponds aux questions. Reply to each question changing the noun into a pronoun and making the adjective agree.
The adjectives are found round the page and each picture will tell you which adjective to choose.

Exemple: Est-ce que **le** gâteau est (nice) ___bon___ ?

Oui, il est bon.

triste   *drôle*   *vilain*   *froid*   *beau*   *fatigué*   *chaud*   *bon*   *heureux*

1. Est-ce que **Léo** est ....?
   ....

2. Est-ce que **la** pizza est ....?
   ....

3. Est-ce que **Paul** est ....?
   ....

4. Est-ce que **le** jambon est ....?
   ....

5. Est-ce que **Juliette** est ....?
   ....

6. Est-ce que **Camille** est ....?
   ....

7. Est-ce que **Pauline** est ....?
   ....

8. Est-ce que **Marie** est ....?
   ....

© Lucy Montgomery t/a Ecole Alouette 2005. This page may be photocopied for use within the purchasing institution only.

Quiz

les réponses

fleur	huit	le rugby	jaune et bleu	fromage
blanc	bleu et blanc	l'été	rouges	quatre
un dalmatien	neuf	cinquante-deux	l'Espagne	Rome

Réponds aux questions avec les réponses ci-dessus.
Answer the questions chosing one of the answers above.

Ex : Quel chien est blanc à *taches noires? *spots ....

1. Quelle est la capitale de l'Italie? ....

2. De quelle couleur est *l'ours polaire? *bear ....

3. Le cheddar est une sorte de … ....

4. De quelle couleur sont *les fraises? *strawberries ....

5. Combien de *pattes possède une araignée? *legs ....

6. De quel *pays Madrid, est-elle la capitale? *country ....

7. Quel sport *se pratique avec un ballon ovale? *played ....

8. Combien de *vies possède un chat? *lives ....

9. Le vert est *un mélange de quelles couleurs? *mixture ....

10. Combien de cartes y a-t-il dans *un jeu? *pack of cards ....

11. De quelle couleur est le drapeau *finnois? *Finnish flag ....

12. Combien de *roues a une voiture? *wheels ....

13. Une rose est *une variété de … *type ....

14. Quelle saison *commence en juin? *begins ....

loto

délicieux	froid	long
gentil	mouillé	court
froid	vide	nouveau

nul	sec	vieux
beau	mouillé	chaud
fatigué	ouvert	fermé

délicieux	nul	nouveau
vieux	beau	fermé
long	sec	chaud

froid	court	gentil
mouillé	nul	vieux
ouvert	chaud	fatigué

long	fatigué	froid
délicieux	court	bon
ouvert	beau	sucré

froid	mouillé	bon
beau	vieux	long
chaud	sec	fermé

gentil	chaud	nul
sec	délicieux	fatigué
bon	beau	froid

court	vieux	ouvert
beau	fermé	nul
nouveau	gentil	bon

Teacher's check list
Cross off each word as you read it out.

wet	big/tall	short	old	good/nice	tired
dry	hot	long	open	rubbish (no good)	lovely
small	cold	new	shut	delicious	kind

© Lucy Montgomery t/a Ecole Alouette 2005. This page may be photocopied for use within the purchasing institution only.

mots cachés

q	w	s	e	c	v	i	l	a	i	n	d	x
g	k	j	t	r	i	s	t	e	é	h	g	j
r	n	o	u	v	e	a	u	l	z	x	e	g
o	l	k	k	x	t	r	l	w	q	é	n	r
s	m	y	u	d	b	i	v	x	b	m	t	a
z	t	e	r	w	u	d	t	c	o	r	i	n
g	i	ô	v	o	b	r	g	h	n	e	l	d
v	l	k	m	g	u	f	l	a	g	f	p	b
e	s	v	n	o	v	w	u	u	z	x	u	s
l	k	o	c	y	q	z	n	d	r	s	x	j
k	l	t	i	t	e	p	g	b	e	a	u	k
f	r	o	i	d	z	x	o	u	v	e	r	t

Trouve les adjectifs français dans la grille et traduis-les en anglais.

Find the French adjectives in the wordsearch and translate them into English.

beau	drôle	grand	nouveau	sec
....	....	....	....	....
bon	fermé	gros	nul	triste
....	....	....	....	....
chaud	froid	long	ouvert	vieux
....	....	....	....	....
court	gentil	mouillé	petit	vilain
....	....	....	....	....

© Lucy Montgomery t/a Ecole Alouette 2005. This page may be photocopied for use within the purchasing institution only.

Je sais parler français.

 Je suis vieux mais ma fille est jeune.

 Je suis sage mais mon frère est vilain.

 Je suis triste mais mon frère est heureux.

 Je suis fatigué mais ma sœur est pleine d'énergie.

 Je suis gentille mais mon frère est méchant.

 Je suis heureuse mais mon frère est triste.

 Je suis sportif mais ma sœur est paresseuse.

 Je suis jeune mais ma grand-mère est vieille.

 Je suis vilaine mais mon frère est sage.

 Je suis nul en maths mais ma sœur est forte en maths.

bilan

Traduis en français. Translate into French.

1. The sun is hot.
   ....

2. The towel is dry.
   ....

3. The strawberry is good.
   ....

4. The skirt is short.
   ....

5. The door is open.
   .... __5__

Révision de vocabulaire – traduis en français

1. cold	4. rubbish (no good)	7. wet
....	....	....
2. naughty	5. shut	8. fat
....	....	....
3. ill	6. funny	9. sad
....	....	....

__9__

Écris le féminin et l'anglais de chaque adjectif?
Write the feminine and the English of each adjective.

1. nouveau   ....
2. vieux   ....
3. heureux   ....
4. sage   ....
5. long   ....
6. beau   ....

__6__

Remplace le nom avec un pronom. Replace the noun with a pronoun.

1. Ta pizza est chaude.   ....
2. Mon frère est petit.   ....
3. Ta fenêtre est ouverte.   ....
4. Ma crêpe est bonne.   ....
5. Ton vélo est nouveau.   ....

__5__

TOTAL MARKS __25__

la poule violette

La poule violette est petite.
Le la-la-la-la lapin est mince.
Les deux animaux cherchent le cochon
Qui la-la-la-la vole dans le ciel!
Est-ce que le cochon vole dans le ciel?
Oui, le cochon vole dans le ciel!
Les deux animaux cherchent le cochon,
Qui la-la-la-la vole dans le ciel!

La souris verte est très grosse.
Le la-la-la-la cheval est grand.
Les deux animaux trouvent le ver long
Qui la-la-la-la nage dans une tasse!
Est-ce que le ver long nage dans une tasse?
Oui, le ver long nage dans une tasse!
Les deux animaux trouvent le ver long,
Qui la-la-la-la nage dans une tasse!

Le petit oiseau jaune est très lourd.
Le la-la-la-la poisson est léger.
Les deux animaux regardent la souris
Qui la-la-la-la danse sur la lune!
Est-ce que la souris danse sur la lune?
Oui, la souris danse sur la lune!
Les deux animaux regardent la souris,
Qui la-la-la-la danse sur la lune!

Le hamster rose est dans la niche.
Le la-la-la-la chien est dans la cage.
Les deux animaux écoutent la vache
Qui la-la-la-la chante la Marseillaise!
Est-ce que la vache chante la Marseillaise?
Oui, la vache chante la Marseillaise!
Les deux animaux écoutent la vache,
Qui la-la-la-la chante la Marseillaise!

© Lucy Montgomery t/a Ecole Alouette 2005. This page may be photocopied for use within the purchasing institution only

the purple hen

The purple hen is small.
The la-la-la-la rabbit is thin.
The two animals look for the pig
Who's la-la-la-la flying in the sky!
Is the pig flying in the sky?
Yes, the pig's flying in the sky!
The two animals look for the pig
Who's la-la-la-la flying in the sky!

The green mouse is very fat.
The la-la-la-la horse is tall.
The two animals find the long worm,
Who's la-la-la-la swimming in a cup!
Is the long worm swimming in a cup?
Yes, the long worm is swimming in a cup!
The two animals find the long worm,
Who's la-la-la-la swimming in a cup!

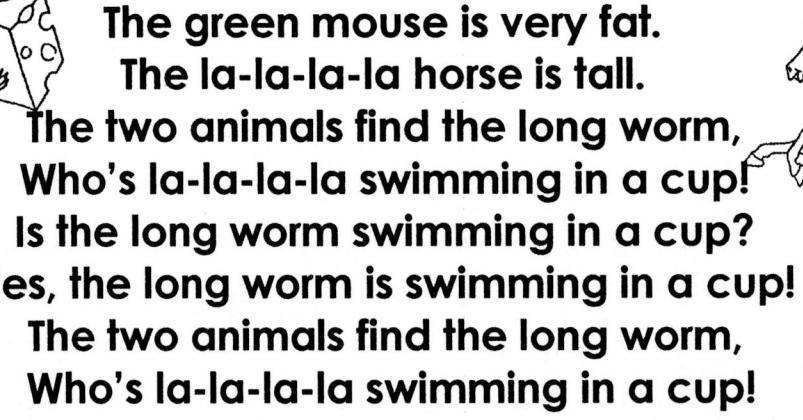

The little yellow bird is very heavy.
The la-la-la-la fish is light.
The two animals look at the mouse,
Who's la-la-la-la dancing on the moon!
Is the mouse dancing on the moon?
Yes, the mouse is dancing on the moon!
The two animals look at the mouse,
Who's la-la-la-la dancing on the moon!

The pink hamster is in the kennel.
The la-la-la-la dog is in the cage.
The two animals listen to the cow
Who's la-la-la-la singing the Marseillaise!
Is the cow singing the Marseillaise?
Yes, the cow's singing Marseillaise!
The two animals listen to the cow,
Who's la-la-la-la singing the Marseillaise!

© Lucy Montgomery t/a Ecole Alouette 2005. This page may be photocopied for use within the purchasing institution only

This is a translation only. It does not necessarily fit the tune of the song.

Page 43 Où vas-tu? (i) - Where are you going?

Get Started

When you wish to say **to** or **at** a place (not a country) you use the word **à**.
Very often **to/at** is followed by the word **the**.
In French, **à** before a **la** word become **à la**.
Je vais **à la** boulangerie. I'm going to the baker's.

Bullet Questions

Bullet questions - Quick firing questions.
1. Comment vas-tu?   How are you?
2. Quel est ton passe-temps préféré?   What's your favourite hobby?
3. Comment t'appelles-tu?   What are you called?
4. Quelle est ta matière préférée?   What's your favourite subject?

Pupil's Book

Answers
Je vais à la pharmacie.   Je vais à la patisserie.   Je vais à la charcuterie.
Je vais à la boulangerie.   Je vais à la poste.

43:1 Everyone

Worksheet
Lots of practice going to places which are feminine in French.
Je vais à la ….
This worksheet can be used as a conversational exercise before the children write in the answers.

Answers
1. **à la** boulangerie   4. **à la** boulangerie   7. **à la** charcuterie
2. **à la** boucherie   5. **à la** pharmacie   8. **à la** boucherie
3 **à la** pharmacie   6. **à la** pâtisserie   9. **à la** poste

43:2 More able

Worksheet
Revision of time using a twenty four hour clock.
Check the children know how to read a 24 hr clock in English before attempting this exercise.
6.30 (eighteen thirty)   dix-huit heures trente

Answers
8.00 Il est vingt heures.   11.30 Il est vingt-trois heures trente.
9.30 Il est vingt et une heures trente.   2.00 Il est quatorze heures
7.00 Il est dix-neuf heures.   6.30 Il est dix-huit heures trente.
3.00 Il est quinze heures

43:3 Relaxing

Worksheet
This is a maths worksheet which revises places which are feminine in French.

Answers
1. **seize** (la boucherie)   3. **six** (la gare)   5. **quatre** (la boulangerie)
2. **dix** (la charcuterie)   4. **douze** (la pharmacie)   6. **quatorze** (la piscine)

Test Oral/written

Revision of vocabulary
amusant amusing   content happy   nul rubbish (no good)   vilain naughty
beau lovely/good looking   bon good   sage sporty   Je ne vais pas I'm not going

Où vas-tu, aujourd'hui?

le vocabulaire

la boucherie	la pâtisserie	la pharmacie
la poste	la boulangerie	la charcuterie

Exemple: Aujourd'hui, je vais ..*à la charcuterie*..

1. Aujourd'hui, je vais ....

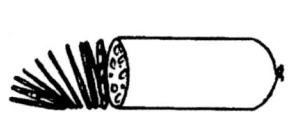

2. Aujourd'hui, je vais ....

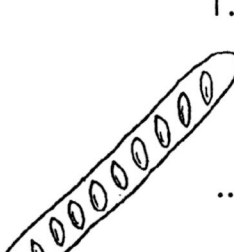

3. Aujourd'hui, je vais ....

4. Aujourd'hui, je vais ....

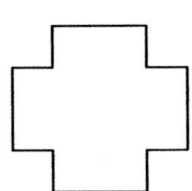

5. Aujourd'hui, je vais ....

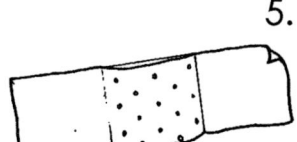

6. Aujourd'hui, je vais ....

7. Aujourd'hui, je vais ....

8. Aujourd'hui, je vais ....

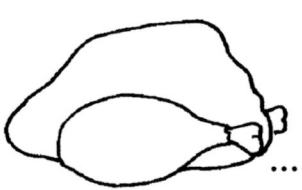

9. Aujourd'hui, je vais ....

Quelle heure est-il?

This exercise uses a 24 hour clock.

les réponses

Il est treize heures.	Il est quinze heures.	Il est dix-huit heures trente.	Il est dix-neuf heures.
Il est vingt heures.	Il est vingt et une heures trente	Il est quatorze heures.	Il est vingt-trois heures trente.

Il est treize heures.

Il est treize heures.

Calcule et écris.

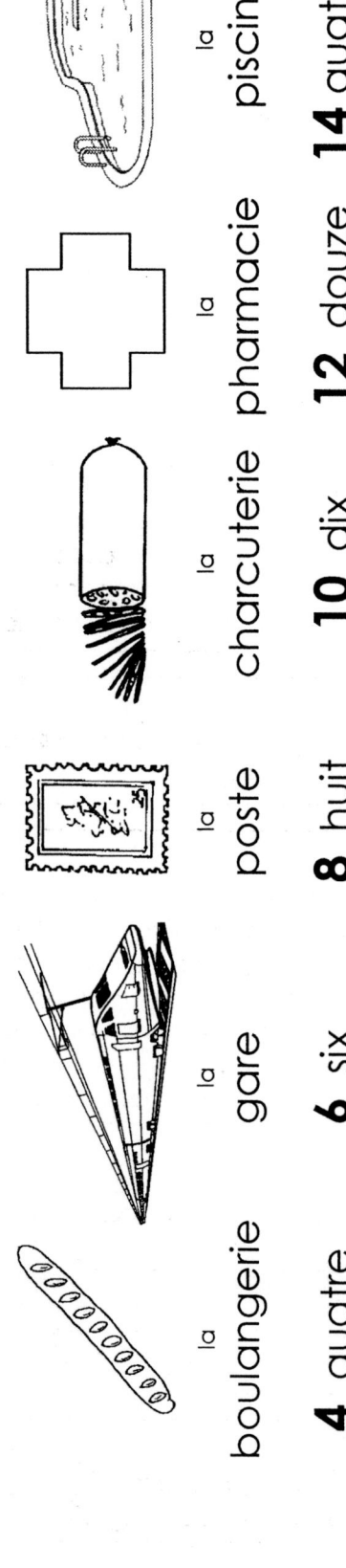

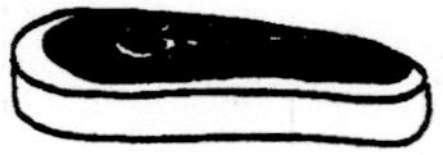

la boulangerie	la gare	la poste	la charcuterie	la pharmacie	la piscine	la boucherie
4 quatre	**6** six	**8** huit	**10** dix	**12** douze	**14** quatorze	**16** seize

Exemple :

seize : deux = *huit* la *poste*

(: is the symbol for ÷ in French)

1. deux x six + quatre = ___ ___ ___ ___ ___ la ___ ___ ___ ___ ___ ___ ___ ___ ___

2. douze : deux + quatre = ___ ___ ___ la ___ ___ ___ ___ ___ ___ ___ ___ ___ ___ ___

3. quatorze - dix + deux = ___ ___ ___ la ___ ___ ___ ___

4. seize : quatre + huit = ___ ___ ___ ___ ___ la ___ ___ ___ ___ ___ ___ ___ ___ ___

5. huit x deux - douze = ___ ___ ___ ___ ___ ___ la ___ ___ ___ ___ ___ ___ ___ ___ ___ ___ ___

6. seize - six + quatre = ___ ___ ___ ___ ___ ___ ___ ___ la ___ ___ ___ ___ ___ ___ ___

© Lucy Montgomery t/a Ecole Alouette 2005. This page may be photocopied for use within the purchasing institution only.

Page 44 'Où vas-tu? - Where are you going?

Get Started	When you wish to say **to** or **at** a place (not a country) you use the word **à**. Very often **to/at** is followed by the word **the**. In French, **à** before a **le** word become **au**. (à + le can never be written together) Je vais **au** cinéma. I'm going to the cinema.
Bullet Questions 	**Bullet questions** - Quick firing questions. 1. Quel âge as-tu? — How old are you? 2. Quelle est la date de ton anniversaire? — When's your birthday? 3. Quel temps fait-il? — What's the weather like? 4. Quelle heure est-il? — What's the time?
Pupil's Book	**Answers** Je vais au cinéma. Je vais au supermarché. Je vais au port. Je vais au parc. Je vais au bureau de tabac.
44:1 Everyone	**Worksheet** Lots of practice going to places which are masculine in French. **Je vais au ....** This worksheet can be used as a conversational exercise before the children write in the answers.
	Answers 1. **au** supermarché 4. **au** parc 7. **au** café 2. **au** marché 5. **au** café 8. **au** parc 3. **au** bureau de tabac 6. **au** bureau de tabac 9. **au** supermarché
44:2 More able	**Worksheet** Revision of days of the week especially using the expression **on + day**. Example: Lundi je vais **au** café. On Monday I'm going to the café.
	Answers 1. Samedi, je vais au parc. — On Saturday, I'm going to the park. 2. Mercredi, je vais à la boulangerie. — On Wednesday, I'm going to the baker's. 3. Dimanche, je vais à la boucherie. — On Sunday, I'm going to the butcher's. 4. Vendredi, je vais au supermarché. — On Friday, I'm going to the supermarket. 5. Mardi, je vais à la pâtisserie. — On Tuesday, I'm going to the cake shop. 6. Jeudi, je vais à la poste. — On Thursday, I'm going to the post office. 7. Ce week-end, je vais au bord de la mer. — This week-end, I'm going to the seaside.
44:3 Relaxing	**Worksheet** Revision of vocabulary using the initial letters of each French word.
	Answers 1. **PIED** foot 2. **MAIN** hand 3. **JAMBE** leg 4. **CHAISE** chair 5. **TABLE** table 6. **CADEAU** present
Test Oral/written	**Revision of vocabulary** la boucherie butcher's la poste post office la pharmacie chemist's la gare station la pâtisserie cake shop la boulangerie baker's

Où vas-tu aujourd'hui?

le vocabulaire

le cinéma	le supermarché	le parc
le bureau de tabac	le marché	le café

Exemple:

 Aujourd'hui, je vais ....*au*.... ....*cinéma*....

 5. Aujourd'hui, je vais ....

 1. Aujourd'hui, je vais ....

 6. Aujourd'hui, je vais ....

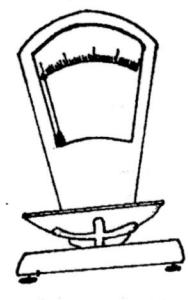 2. Aujourd'hui, je vais ....

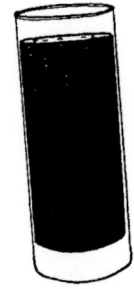 7. Aujourd'hui, je vais ....

 3. Aujourd'hui, je vais ....

 8. Aujourd'hui, je vais ....

 4. Aujourd'hui, je vais ....

 9. Aujourd'hui, je vais ....

© Lucy Montgomery t/a Ecole Alouette 2005. This page may be photocopied for use within the purchasing institution only.

Où vas-tu?

le vocabulaire

la boulangerie	le cinéma	la poste	la pâtisserie
le supermarché	la boucherie	le bord de la mer (seaside)	le parc

Exemple: Où vas-tu, lundi?
Lundi, je vais au cinéma.
On Monday, I am going to the cinema.

1. Où vas-tu, samedi?
....
....

2. Où vas-tu, mercredi?
....
....

3. Où vas-tu, dimanche?
....
....

4. Où vas-tu, vendredi?
....
....

5. Où vas-tu, mardi?
....
....

6. Où vas-tu, jeudi?
....
....

7. Où vas-tu, ce week-end?
....
....

Trouve les lettres et écris les mots.

Write the first letter of each French word represented by the picture.

le vocabulaire		le blaireau	l' empreinte	l' igloo	le mouton	le singe
l' abeille	l' avion	le cochon	l' escargot	la jupe	le nounours	la taupe
l' arbre	le ballon	le drapeau	le hérisson	le lion	la pomme	l' usine

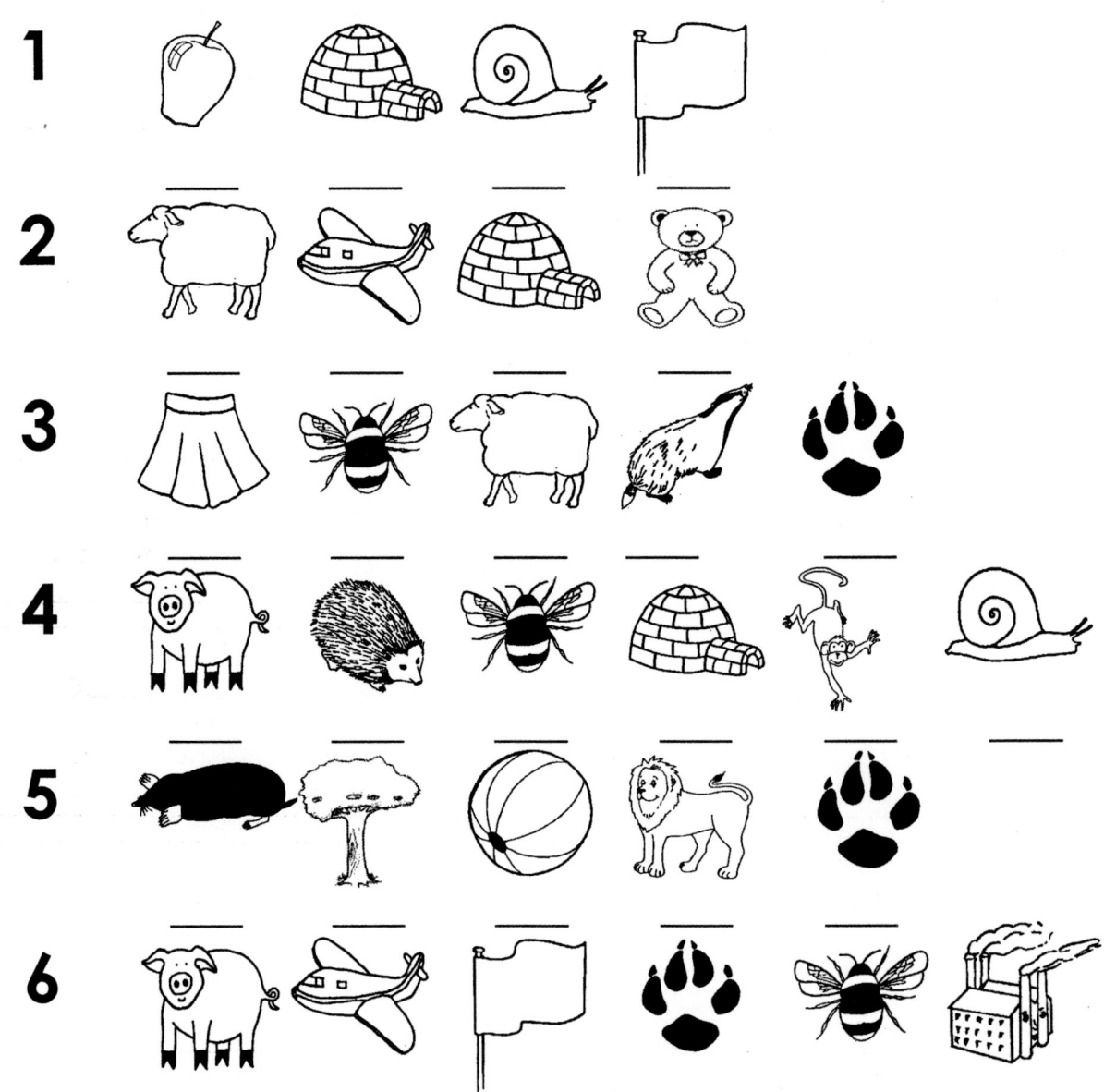

Écris les mots en anglais.

1. .... 4. ....

2. .... 5. ....

3. .... 6. ....

Page 45 'Où vas-tu? - Where are you going?

Get Started	When you wish to say **to** or **at** a place (not a country) you use the word **à**. Very often **to/at** is followed by the word **the**. In French, **à** before a **l'** word become **à l'**. Je vais **à l'**école. I'm going to (the) school.
Bullet Questions	**Bullet questions** - Quick firing questions. 1. Est-ce que tu aimes la lecture? Do you like reading? 2. Est-ce que tu aimes la natation? Do you like swimming? 3. Est-ce que tu aimes l'équitation? Do you like (horse)riding? 4. Est-ce que tu aimes le skate? Do you like skate boarding?
Pupil's Book	**Answers** Je vais à l'école. Je vais à l'église. Je vais à l'usine. Je vais à l'hôtel. Je vais à l'hôtel de ville.
45:1 Everyone	**Worksheet** Revision of weather and going to places. All the vocabulary is written at the top of the page so accuracy is both important and to be encouraged.
	Answers 1. Il y a du soleil. Je vais à la piscine. 2. Il neige. Je vais au parc. 3. Il pleut. Je vais à l'église. 4. Il y a du vent. Je vais à la boulangerie. 5. Il gèle. Je vais au café.
45:2 More able	**Worksheet** Revision of days of the week especially using time and the expressions **on + 'day** and **on + 'days**. Ex : Lundi je vais **au** café. On Monday I'm going to the café. Le lundi, je vais au supermarché. On Tuesdays, I'm going to the supermarket.
	Answers 1. Le dimanche, je vais à l'église. 2. Il est sept heures et demie et je vais à l'école. 3. Le samedi, je vais à l'hôtel de ville. 4. À midi, je vais à l'usine. 5. Il est cinq heures et je vais à l'arrêt de bus. 6. Le mercredi, je vais à aéroport.
45:3 Relaxing	**Worksheet** A revision worksheet revising natural history vocabulary and maths.
	Answers 1. **six** (la coccinelle) 4. **douze** (l'araignée) 2. **dix** (le blaireau) 5. **quatre** (l'escargot) 3. **huit** (l'oiseau) 6. **trois** (le scarabée) le mot caché **o r a n g e**
Test Oral/written	**Revision of vocabulary** Il pleut. It's raining. Il neige. It's snowing. Il fait froid. It's cold. Il y a du vent. It's windy. Il gèle. It's freezing. Il fait chaud. It's hot/warm

Où vas-tu?

le vocabulaire

Il y a du brouillard. It's foggy.	Il y a du vent. It's windy.	Il neige. It's snowing.	Il pleut It's raining.	le parc the park	l' église church
Il y a du soleil. It's sunny.	la boulangerie the baker's	Il gèle. Its' freezing.	le café the café	la piscine the swimming pool	la poste the post office

Écris cinq phrases pour décrire l'image. Write five sentences describing the pictures.

Exemple: *Il y a du brouillard.*
           Le fromage est dans le sandwich.

1. ....
   ....
2. ....
   ....
3. ....
   ....
4. ....
   ....
5. ....
   ....

Où vas-tu aujourd'hui?

le vocabulaire

l'aéroport	l'école	l'hôpital *hospital*	et demie
l'arrêt de bus	l'église	l'hôtel de ville	midi
dimanche	mercredi	l'usine	heures
		samedi	le week-end

Exemple:
Today, I am going to the hospital.
Aujourd'hui, je vais à l'hôpital.

1. On Sunday, I am going to church.
   ....

2. It's half past seven and I am going to school.
   ....

3. On Saturday, I am going to the town hall.
   ....

4. At midday, I am going to the factory.
   ....

5. It's five o'clock and I am going to the bus stop.
   ....

6. On Wednesday, I am going to the airport.
   ....

Calcule et écris.

la fourmis	le scarabée	l' escargot	la coccinelle	l' oiseau	le blaireau	l' araignée
deux	cinq	dix	vingt	cinquante	soixante	soixante-dix

Ex. le blaireau − l'oiseau = la f Ⓞ u r m i   Entoure la **deuxième** 2ème lettre du mot.

1. le blaireau − l'escargot = la _ _ _ _ _ _ _   Entoure la **deuxième** 2ème lettre du mot.

2. l'escargot + la coccinelle × la fourmi = le _ _ _ _ _ _ _ _   Entoure la **cinquième** 5ème lettre du mot.

3. le blaireau − l'oiseau × la coccinelle = l' _ _ _ _ _ _ _ _   Entoure la **cinquième** 5ème lettre du mot.

4. la fourmi × le blaireau − l'oiseau = l' _ _ _ _ _ _ _   Entoure la **sixième** 6ème lettre du mot.

5. la coccinelle + le blaireau − l'araignée = l' _ _ _ _ _ _ _   Entoure la **sixième** 6ème lettre du mot.

6. l'araignée − la coccinelle = le _ _ _ _ _ _ _ _ _   Entoure la **huitième** 8ème lettre du mot.

le mot caché: (The example letter is not included) l' _ _ _ _ _ _

Page 46 'Bon voyage!' - Have a good journey!

Get Started	When you wish to say **by** (means of transport) use the word **en**. Example: Je vais **en** voiture. I'm going **by** car. The two exceptions (as in English) are **à** cheval **à** pied - **on** horseback **on** foot The same word **en** can also be used to say **to** a country. Example: Je vais **en** France. I'm going **to** France.
Bullet Questions 	**Bullet questions** - Quick firing questions. 1. Est-ce que tu es sportif/sportive? Are you sporty? 2. Est-ce que tu es fort/forte en maths? Are you good at maths? 3. Est-ce que tu es paresseux/paresseuse? Are you lazy? 4. Est-ce que tu es nul/nulle en anglais? Are you rubbish at English?
Pupil's Book	**Answers** 1. Je vais au magasin en vélo. 2. Je vais au cinéma en bus. 3. Je vais à l'école en train. 4. Je vais en France en avion. Je vais au supermarché en vélo. Je vais à l'hôpital en bus.
46:1 Everyone	**Worksheet** This crossword is a revision exercise for shops and buildings. All the required words are scattered around the crossword.
	Answers This worksheet is self explanatory.
46:2 More able	**Worksheet** This worksheet combines three topics. 1. days of the week 2. to a place or country 3. by transport

	Answers 1. Dimanche, je vais au parc en voiture.
	   On Sunday I'm going to the park by car.
	2. Lundi, je vais à la piscine en bus.
	   On Monday, I'm going to the swimming pool by bus.
	3. Samedi, je vais en France en avion.
	   On Saturday, I'm going to France by plane.
	4. Jeudi, je vais à la boulangerie en vélo.
	   On Thursday, I'm going to the baker's by bike.
	5. Mardi, je vais au cinéma en train.
	   On Tuesday, I'm going to the cinema by train.

46:3 Relaxing	**Worksheet** A revision worksheet revising transport vocabulary and maths.
	Answers 1. trente (le **t**rain) 2. deux (la voitur**e**) 3. cinquante (le bate**a**u) 4. quinze (le b**u**s) 5. cinq (le ca**m**ion) 6. vingt (le vél**o**) le mot caché a **u** t **o** **m** **n** **e** autumn
Test Oral/written	**Revision of vocabulary** l'école school. l'hôtel de ville town hall l'hôpital hospital l'église church. l'hôtel hotel l'usine factory

les mots croisés

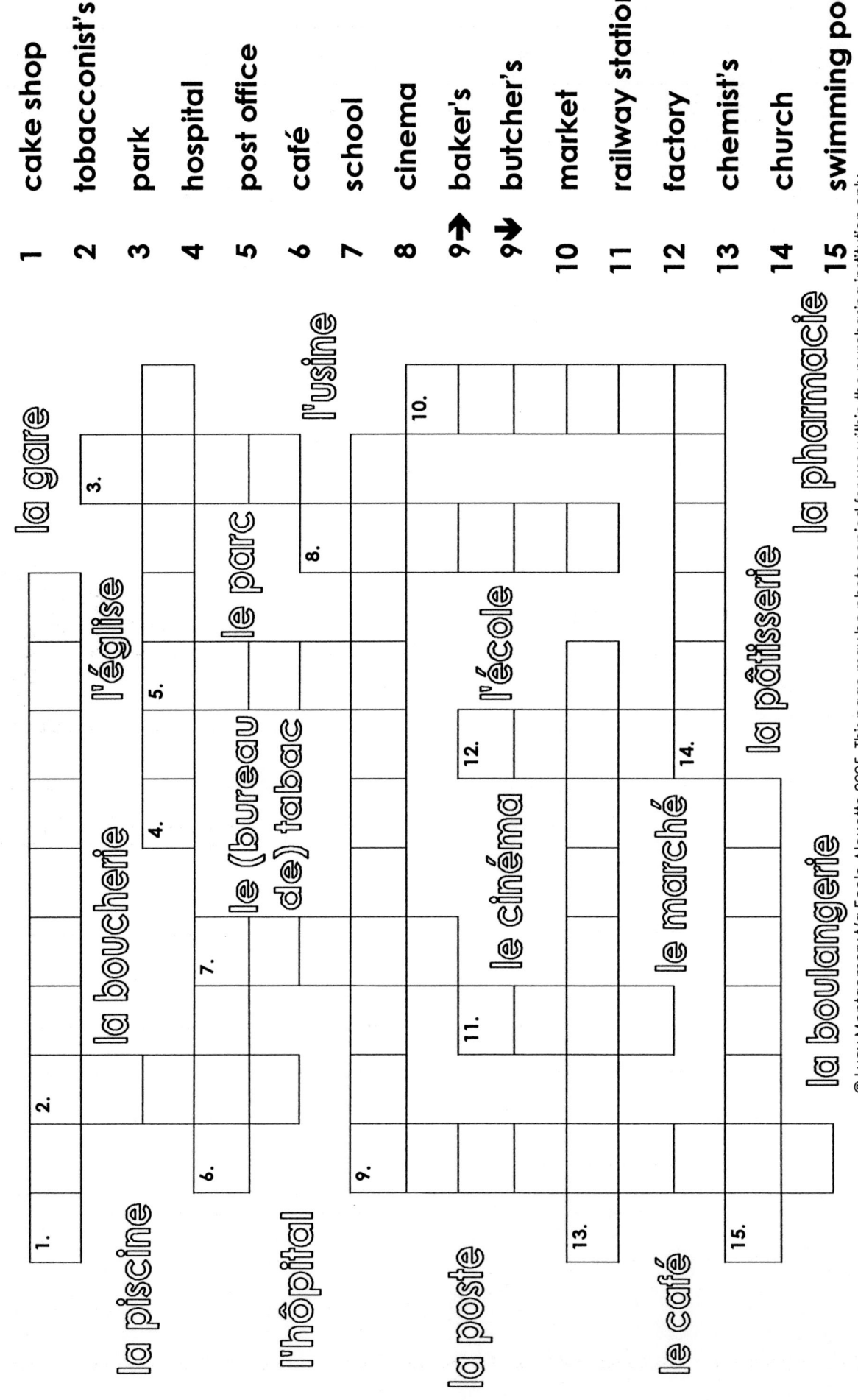

1 cake shop
2 tobacconist's
3 park
4 hospital
5 post office
6 café
7 school
8 cinema
9→ baker's
9↓ butcher's
10 market
11 railway station
12 factory
13 chemist's
14 church
15 swimming pool

Bon voyage!

le vocabulaire

l'Angleterre	la boulangerie	le cinéma	la France	la piscine	le vélo
l'avion	le car	le ferry	le parc	le train	la voiture

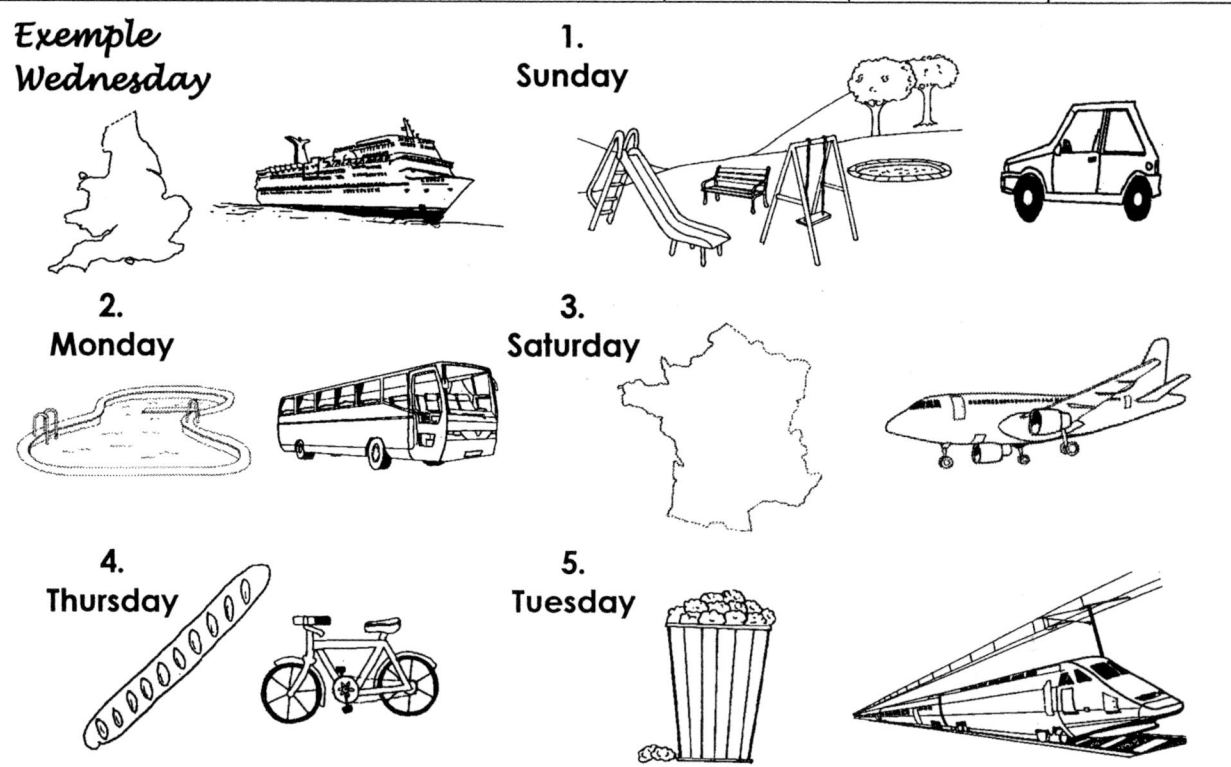

Exemple – Wednesday
1. Sunday
2. Monday
3. Saturday
4. Thursday
5. Tuesday

Écris cinq phrases pour décrire l'image. Write five sentences describing the pictures.

Exemple : Mercredi, je vais en Angleterre en ferry.

On Wednesday, I am going to England by ferry.

1. ....
2. ....
3. ....
4. ....
5. ....

© Lucy Montgomery t/a Ecole Alouette 2005. This page may be photocopied for use within the purchasing institution only.

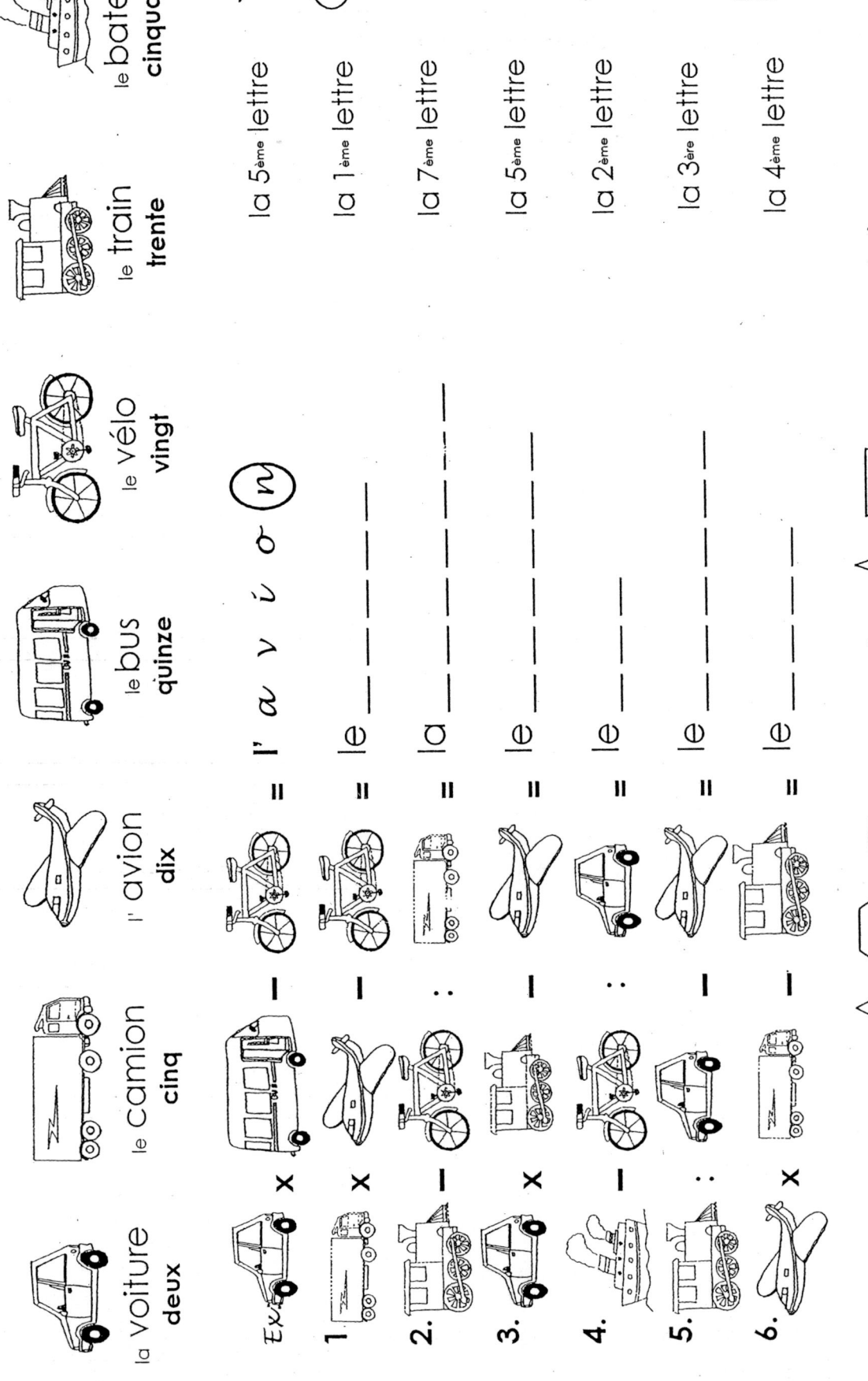

Page 47 'les directions' - directions

Get Started	When asking the way you say **'Pour aller à …. s'il vous plaît.'** Don't forget that à + le cannot be written together – you need to say **au**. « Pour aller **au** cinéma s'il vous plaît? » Revise **gauche** and **droit** **Lève le bras gauche/droit** – Lift your left/right arm. **Lève la main gauche/droite** – Lift your left/right hand.
Bullet Questions 	**Bullet questions** - Quick firing questions. 1. Est-ce que tu aimes regarder la télé? Do you like watching telly? 2. Est-ce que tu aimes faire du sport? Do you like playing sport? 3. Est-ce que tu joues d'un instrument de musique? Do you play a musical instrument? 4. Est-ce que tu aimes écouter des CD? Do you like listening to CDs?
Pupil's Book	**Answers** 1. Prenez **la première à droite**. 2. Prenez **la troisième à droite**. 3. Allez tout droit. 4. Prenez **la première à gauche**. 5. Prenez **la deuxième à droite**. 1. **des** 2. **de la** 3. **des** 4. **du** 5. **de la** 6. **du** 7. **des** 8. **de la** 9. **des**
47:1 Everyone	**Worksheet** Asking for directions. All the vocabulary is written at the top of the page so accuracy is both important and to be encouraged.
	Answers 1. **à gauche/de la poste** 2. **à droite/du bureau de tabac** 3. **à gauche/de l'école** 4. **à droite/du marché**
47:2 More able	**Worksheet** Revision of pronouns and the negative. Remind the children that **le, mon, ton** and **il** are all masculine **la, ma, ta** and **elle** are all feminine
	Answers **1.** Non, il n'est pas dans la cuisine. **2.** Non, elles ne sont pas dans le tiroir. **3.** Non, elles ne sont pas dans la poêle. **4.** Non, il n'est pas dans ma chambre. **5.** Non, ils ne sont pas dans ma poche. **6.** Non, elle n'est pas sous mon lit. **7.** Non, ils ne sont pas dans le frigo. **8.** Non, il n'est pas sur le canapé. **9.** Non, ils ne sont pas sous le coussin.
47:3 Relaxing	**Worksheet** Revising food using **du, de la, de l'** and **des**.
	Answers 1. **de la** 2. **du** 3. **du** 4. **de la** 5. **des** 6. **du** 7. **de la** 8. **de la** 9. **des** 10. **de la** 11. **des** 12. **du** 13. **des** 14. **de la** 15. **du** 16. **des** 17. **du** 18. **du** 19. **des** 20. **de la** 21. **des** 22. **de la** 23. **des** 24. **du** 25. **du** 26. **des** 27. **du** 28. **du** 29. **du** 30. **du** 31. **de l'** 32. **de la** 33. **du** 34. **du**
Test Oral/written	**Revision of vocabulary** premier 1st troisième 3rd cinquième 5th septième 7th second/deuxième 2nd quatrième 4th sixième 6th huitième 8th

les directions

le vocabulaire

la première à gauche the first on the left	la quatrième à gauche the fourth on the left	la troisième à droite the third on the right	prenez take
la deuxième à gauche the second on the left	la première à droite the first on the right	la quatrième à droite the fourth on the right	à côté de next to
la troisième à gauche the third on the left	la deuxième à droite the second on the right	allez tout droit go straight on	en face de opposite

Ex : Pour aller à la pharmacie? Prenez la première *à gauche.*
La pharmacie est à côté *de la boulangerie.*

1. Pour aller à la gare?   Prenez la deuxième ....
   La gare est en face ....

2. Pour aller à l'église?   Prenez la première ....
   L'église est à côté ....

3. Pour aller au cinéma?   Prenez la troisième ....
   Le cinéma est en face ....

4. Pour aller à la piscine?   Prenez la troisième ....
   La piscine est à côté ....

la forme négative

The French for **they** is easy to remember.
Take the French for **it** (il or elle) and add an **s** (ils or elles).

le vocabulaire

		la chambre the bedroom	la cuisine the kitchen	la poche the pocket
le ballon the ball	le bonbon the sweet	la clé the key	le frigo the fridge	la poêle the frying pan
le billet the ticket	la calculatrice the calculator	le coussin the cushion	le lit the bed	le tiroir the drawer
le biscuit the biscuit	le canapé the sofa	la crêpe the pancake	le pantalon the trousers	le vélo the bike

Exemple: Est-ce que le livre **est** sur l'étagère?

Non, il n'est pas sur l'étagère.

1. Est-ce que le vélo **est** dans la cuisine?
   ....

2. Est-ce que les clés **sont** dans le tiroir?
   ....

3. Est-ce que les crêpes **sont** dans la poêle?
   ....

4. Est-ce que le ballon **est** dans ta chambre?
   ....

5. Est-ce que les bonbons **sont** dans ta poche?
   ....

6. Est-ce que la calculatrice **est** sous ton lit?
   ....

7. Est-ce que les biscuits **sont** sur le frigo?
   ....

8. Est-ce que ton pantalon **est** sur le canapé?
   ....

9. Est-ce que les billets **sont** sous le coussin?
   ....

© Lucy Montgomery t/a Ecole Alouette 2005. This page may be photocopied for use within the purchasing institution only.

Je voudrais du, de la, de l', des ….

Exemple	1.	2.	3.	4.	5.	6.
du fromage	……… pizza	……… beurre	……… pain	……… salade	……… frites	……… sucre

7.	8.	9.	10.	11.	12.	13.
……… viande	……… farine	……… biscuits	……… crème	……… céréales	……… poulet	……… chips

14.	15.	16.	17.	18.	19.	20.
……… glace	……… gâteau	……… pâtes	……… miel	……… riz	……… crêpes	……… soupe

21.	22.	23.	24.	25.	26.	27.
……… croissants	……… confiture	……… bonbons	……… chocolat	……… pain grillé	……… oeufs	……… yaourt

28.	29.	30.	31.	32.	33.	34.
……… jus d'orange	……… coca	……… lait	……… eau	……… limonade	……… thé	……… café

© Lucy Montgomery t/a Ecole Alouette 2005. This page may be photocopied for use within the purchasing institution only.

loto

l'école	le cinéma	le café
la piscine	l'hôpital	le supermarché
le bureau de tabac	le magasin	la gare

la poste	le cinéma	la boulangerie
la piscine	la pâtisserie	la boucherie
la pharmacie	le magasin	l'hôpital

la boulangerie	le magasin	l'hôtel de ville
le cinéma	l'école	la charcuterie
la piscine	la pâtisserie	la gare

la boucherie	la pharmacie	le bureau de tabac
l'église	l'école	le café
la piscine	l'hôtel	le magasin

le bureau de tabac	la poste	la boulangerie
la pâtisserie	l'école	l'hôtel de ville
l'usine	l'hôtel	le supermarché

la piscine	l'usine	la boulangerie
le magasin	la boucherie	l'hôpital
le cinéma	l'hôtel	la pharmacie

la pharmacie	la boucherie	la pâtisserie
le marché	la poste	l'église
le bureau de tabac	la charcuterie	le supermarché

la piscine	la pharmacie	l'usine
le cinéma	le magasin	l'hôtel de ville
l'hôpital	la poste	la charcuterie

Teacher's check list
Cross off each word as you read it out.

baker's	cake shop	cinema	hospital	post office	supermarket
butcher's	chemist's	delicatessen	hotel	school	tobacconist's
café	church	factory	swimming pool	shop	town hall

© Lucy Montgomery t/a Ecole Alouette 2005. This page may be photocopied for use within the purchasing institution only.

mots cachés

r	b	o	u	l	a	n	g	e	r	i	e
p	f	d	f	h	x	v	b	e	p	m	é
i	j	h	g	d	é	f	i	â	y	b	h
s	r	e	w	f	p	c	t	k	k	o	c
d	c	f	a	b	a	i	j	g	h	u	r
i	c	c	x	m	s	s	d	r	j	c	a
n	x	j	r	s	n	e	f	h	q	h	m
e	w	a	e	t	y	l	s	k	w	e	r
y	h	r	a	m	é	n	i	c	c	r	e
p	i	k	p	d	x	r	j	h	a	i	p
e	t	j	p	o	s	t	e	f	w	e	u
z	m	a	r	c	h	é	q	w	m	j	s

Associe chaque image avec les mots du vocabulaire.
Associate each picture with its vocabulary word and find it in the word search.

   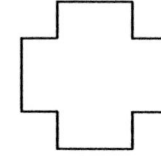 

le .... le .... la .... la .... la ....

  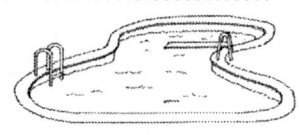 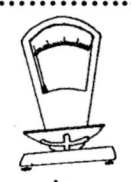

la .... la .... le .... la .... le ....

le vocabulaire

le supermarché	le cinéma	le café	la pâtisserie	le marché
la boulangerie	la gare	la poste	la pharmacie	la piscine

Je sais parler français.

 Où vas-tu?  Je vais à l'hôpital avec ma mère.

 Où vas-tu?  Je vais à la piscine avec mon ami. J'adore la natation.

 Où vas-tu?  Je vais au supermarché avec mon frère. J'aime faire les courses.

 Où vas-tu?  Je vais au parc avec mes amis mais je n'aime pas jouer au foot.

 Où vas-tu?  Je vais à la boulangerie avec mon père. J'ai faim.

bilan

Traduis en français.

1. I am going to the cinema.
....

2. I am going to the baker's.
....

3. I am going to the swimming pool.
....

4. I am going to the chemist's.
....

5. I am going to (the) school.
....

5

Révision de vocabulaire

1. la boucherie	4. la gare	7. l'Allemagne
....	....	....
2. la pâtisserie	5. l'église	8. l'Espagne
....	....	....
3. l'hôpital	6. l'Angleterre	9. la France
....	....	....

9

Écris les prépostions en français.

1. on	3. in	5. behind
....	....	....
2. under	4. in front of	6. between
....	....	....

6

Traduis en français.

1. the second on the right
....

2. the first on the left
....

3. the fourth on the right
....

4. the second on the left
....

5. go straight on
....

TOTAL MARKS _____
25

5

Hoorah! Hoorah!

Françoise dit 'Je suis française.'
Antoine dit 'Je suis français.'
Ils disent 'Nous sommes français.'
Nous habitons en France.
Hoorah! hoorah! nous sommes français
Nous habitons en France.

Laura dit 'Je suis anglaise.'
William dit 'Je suis anglais.'
Ils disent 'Nous sommes anglais.'
Nous habitons en Angleterre.
Hoorah! hoorah! nous sommes anglais (x 3)
Nous habitons en Angleterre.

Fiona dit 'Je suis écossaise.'
Archie dit 'Je suis écossais.'
Ils disent 'Nous sommes écossais.'
Nous habitons en Écosse.
Hoorah! hoorah! nous sommes écossais (x 3)
Nous habitons en Écosse.

Caitlin dit 'Je suis irlandaise.'
Patrick dit 'Je suis irlandais.'
Ils disent 'Nous sommes irlandais.'
Nous habitons en Irlande.
Hoorah! hoorah! nous sommes irlandais (x 3)
Nous habitons en Irlande.

Megan dit 'Je suis galloise.'
Daffydd dit 'Je suis gallois.'
Ils disent 'Nous sommes gallois.'
Nous habitons au pays de Galles.
Hoorah! hoorah! nous sommes gallois (x 3)
Nous habitons au pays de Galles.

© Lucy Montgomery t/a Ecole Alouette 2005. This page may be photocopied for use within the purchasing institution only.

Hooray! Hooray!

Françoise says 'I'm French.'
Antoine says 'I'm French.'
They say 'We're French.'
We live in France.
Hooray! hooray! We're French (x 3)
We live in France.

Laura says 'I'm English.'
William says 'I'm English.'
They say 'We're English.'
We live in England.
Hooray! hooray! We're English (x 3)
We live in England.

Fiona says 'I'm Scottish.'
Archie says 'I'm Scottish.'
They say 'We're Scottish.'
We live in Scotland.
Hooray! hooray! We're Scottish (x 3)
We live in Scotland.

Caitlin says 'I'm Irish.'
Patrick says 'I'm Irish.'
They say 'We're Irish.'
We live in Ireland.
Hooray! hooray! We're Irish (x 3)
We live in Ireland.

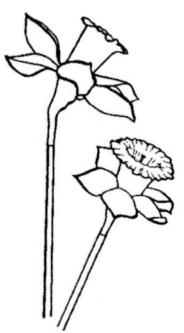
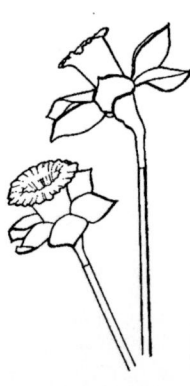

Megan says 'I'm Welsh.'
Daffydd says 'I'm Welsh.'
They say 'We're Welsh.'
We live in Wales.
Hooray! hooray! We're Welsh (x 3)
We live in Wales.

© Lucy Montgomery t/a Ecole Alouette 2005. This page may be photocopied for use within the purchasing institution only.

This is a translation only. It does not necessarily fit the tune of the song.

BOOK TWO TEACHER'S HANDBOOK
CD TRANSCRIPT

Page 1
1. De quelle couleur est la mer? — La mer est bleue.
2. De quelle couleur sont les fraises? — Les fraises sont rouges.
3. Ça va? — Ça va bien.   Ça ne va pas bien.
4. Épelle le mot FRIGO — F R I G O

Page 2
1. De quelle couleur est la baignoire? — La baignoire est blanche.
2. De quelle couleur est le lit? — Le lit est blanc.
3. De quelle couleur est le frigo? — Le frigo est vert.
4. De quelle couleur est la porte? — La porte est verte.

Page 3
1. Comment vas-tu? — Je vais bien, merci. / Je ne vais pas bien.
2. Est-ce que ta chambre est petite? — Oui, ma chambre est petite. / Non, ma chambre n'est pas petite.
3. Est-ce que ton lit est confortable? — Oui, mon lit est confortable. / Non, mon lit n'est pas confortable.

Page 4
1. Est-ce que tu as des frères? — Oui, j'ai des frères. / Non, je n'ai pas de frères.
2. Tu as des sœurs? — Oui, j'ai des soeurs. / Non je n'ai pas de soeurs.
3. Tu es enfant unique? — Oui, je suis enfant unique. / Non, je ne suis pas enfant unique.
4. Est-ce que tu as une souris? — Oui, j'ai une souris. / Non, je n'ai pas de souris.
5. Est-ce que tu as un chat? — Oui, j'ai un chat. / Non, je n'ai pas de chat.

Page 5
1. Comment t'appelles-tu? — Je m'appelle Benoit
2. Quel âge as-tu? — J'ai dix-huit ans.
3. Combien de pouces as-tu? — J'ai deux pouces.
4. Combien de nez as-tu? — J'ai un nez.

Page 6
Revision

Page 7
Song 'Il y a un nounours sous le lit'

Page 8
1. Est-ce que tu as un hamster? Oui, j'ai (un) hamster.
   Non, je n'ai pas de hamster.
2. Est-ce que tu as un chien? Oui, j'ai (un) chien.
   Non, je n'ai pas de chien.
3. Est-ce que tu as des frères? Oui, j'ai (un) frère.
   Non, je n'ai pas de frères.
4. Est-ce que tu as des soeurs? Oui, j'ai (une) soeur.
   Non, je n'ai pas de soeurs.

Page 9
1. Combien de frères as-tu? J'ai (un) frère.
   Je n'ai pas de frères.
2. Combien de soeurs as-tu? J'ai (une) sœur.
   Je n'ai pas de soeurs.
3. Combien d'amis as-tu? J'ai beaucoup d'amis.
   Je n'ai pas d'amis.
4. Combien de CD as-tu? J'ai beaucoup de CD.
   Je n'ai pas de CD.

Page 10.
1. Qu'est-ce que c'est une rose? C'est une fleur.
2. Qu'est-ce que c'est un hibou? C'est un oiseau.
3. Qu'est-ce que c'est une pomme? C'est un fruit.
4. Qu'est-ce que c'est une pomme de terre? C'est un légume.

Page 11
1. Tu as un frère?   Quel âge a-t-il? Oui, il a onze ans.
2. Tu as une soeur? Quel âge a-t-elle? Oui, elle a sept ans.
3. Est-ce que tu aimes la lecture? Oui, j'aime la lecture.
   Non, je n'aime pas la lecture.
4. Est-ce que tu aimes le dessin? Oui, j'aime le dessin.
   Non, je n'aime pas le dessin.

Page 12
1. Quelle est ta couleur préférée? Ma couleur préférée est (le bleu).
2. Quelle est ton équipe préférée? Mon équipe préférée est (Arsenal).
3. Quelle est ta chanson préférée? Ma chanson préférée est (Frère Jacques).
4. Quelle est ton bonbon préféré? Mon bonbon préféré est (le chocolat).

Page 13   Page 14
Revision   Song 'le Hokey Cokey'

Page 15
1. Jacques a dit 'Touche la tête'
2. Jacques a dit 'Touche la jambe'
3. Jacques a dit 'Touche la main'
4. Jacques a dit 'Touche le bras'

Page 16
1. Quelle est ta matière préférée? — Ma matière préférée est (l'informatique).
2. Est-ce que tu as maths le mardi? — Oui, j'ai maths le mardi.
   Non, je n'ai pas maths le mardi.
3. Tu as anglais le mercredi? — Oui, j'ai anglais le mercredi.
   Non, je n'ai pas anglais le mercredi.
4. Est-ce que tu as sciences le jeudi? — Oui, j'ai sciences le jeudi.
   Non, je n'ai pas sciences le jeudi.

Page 17
1. Combien de nez as-tu? — J'ai un nez.
2. Combien de mains as-tu? — J'ai deux mains.
3. Combien de jambes as-tu? — J'ai deux jambes.
4. Combien de doigts as-tu? — J'ai huit doigts et deux pouces.

Page 18
1. Quel est le deuxième jour de la semaine? — mardi
2. Quel est le septième jour de la semaine? — dimanche
3. Quel est le quatrième jour de la semaine? — jeudi
4. Quel est le premier jour de la semaine? — lundi

Page 19
1. Est-ce que tu as déjà visité l'Amérique? — Oui, j'ai déjà visité l'Amérique.
   Non, je n'ai pas visité l'Amérique.
2. Est-ce que tu as déjà visité la France? — Oui, j'ai déjà visité la France.
   Non, je n'ai pas visité la France.
3. Tu as déjà visité l'Espagne? — Oui, j'ai déjà visité l'Espagne.
   Non, je n'ai pas visité l'Espagne.
4. Tu as déjà visité l'Écosse? — Oui, j'ai déjà visité l'Écosse.
   Non, je n'ai pas visité l'Ecosse.

Page 20
Revision

Page 21
Song 'le Hokey Cokey'

Page 22
1. À quelle heure tu te lèves? — Je me lève à (sept heures).
2. À quelle heure te couches-tu? — Je me couche à (neuf heures).
3. À quelle heure tu prends ton petit déjeuner? — Je prends mon petit déjeuner à (sept heures et demie).
4. À quelle heure est-ce que tu déjeunes? — Je déjeune à (midi et demi).

Page 23
1. Quelle est la date de ton anniversaire? — C'est le (quatorze octobre).
2. C'est quand ton anniversaire? — C'est le (quatorze octobre).
3. Quel temps fait-il? — (Il fait chaud).
4. Quelle heure est-il? — Il est (huit heures et demie).

Page 24
1. À quelle heure tu te lèves?   Je me lève à (sept heures).
2. Quel est le premier jour du week-end?   samedi
3. Comment s'appelle ton directeur?   Il s'appelle (M. Brown).
   Comment s'appelle ta directrice?   Elle s'appelle (Mme./Mlle. Brown).
4. Quel âge a ton père/ta mère?   Il a (41) ans.   Elle a (39) ans.

Page 25
1. Quel temps fait-il?   (Il pleut).
2. Quel est ton adresse?   C'est (24 Rue de la Paix)
3. Quel est ton numéro de téléphone?   20 43 65 87
4. Tu es en quelle classe?   Je suis en CE1

Page 26
1. Est-ce que la lettre 't' est une consonne?   Oui
2. Est-ce que la lettre 'm' est une voyelle?   Non
3. Est-ce que la lettre 'u' est une voyelle?   Oui
4. Est-ce que la lettre 's' est une consonne?   Oui

Page 27   **Page 28**
Revision   Song 'les Quatre Saisons'

Page 29
1. La Méditerranée est une …   mer
2. L'Everest est une …   montagne
3. La Seine est un…   fleuve
4. Titicata est un…   lac

Page 30
1. Est-ce que le nombre 17 est pair ou impair?   impair
2. Est-ce que le nombre 42 est pair ou impair?   pair
3. Est-ce que le nombre 68 est pair ou impair?   pair
4. Est-ce que le nombre 15 est pair ou impair?   impair

Page 31
1. Est-ce que tu habites à la campagne?   Oui, j'habite à la campagne.
   Non, je n'habite pas à la campagne.
2. Est-ce que tu habites en France?   Oui, j'habite en France.
   Non, je n'habite pas en France.
3. Est-ce que tu habites en Écosse?   Oui, j'habite en Écosse.
   Non, je n'habite pas en Écosse.
4. Est-ce que tu habites en ville?   Oui, j'habite en ville.
   Non, je n'habite pas en ville.

Page 32
1. Quel temps fait-il en hiver?   Il fait froid.   Il neige.
2. Quel temps fait-il en été?   Il fait chaud.   Il y a du soleil.
3. Quel temps fait-il au printemps?   Il fait beau.   Il pleut.
4. Quel temps fait-il en automne?   Il y a du vent.   Il y a du brouillard.

Page 33
1. De quelle couleur sont les coquelicots?   Elles sont rouges.
2. De quelle couleur sont les jonquilles?   Elles sont jaunes.
3. De quelle couleur sont les scarabées?   Ils sont noirs.
4. De quelle couleur sont les feuilles?   Elles sont vertes.

Page 34
Revision

Page 35
Song 'Tu tu Do Do'

Page 36
1. Combien de pattes a un cheval?   quatre
2. Combien de pattes a une araignée?   huit
3. Combien de pattes a une fourmi?   six
4. Est-ce que les poissons ont des pattes?   non

Page 37
1. Est-ce que tu as les cheveux longs?   Oui, j'ai les cheveux longs.
   Non, je n'ai pas les cheveux longs.
2. Tu as les cheveux courts?   Oui, j'ai les cheveux courts.
   Non, je n'ai pas les cheveux courts.
3. Est-ce que tu es grand/grande?   Oui, je suis grand/grande.
   Non, je ne suis pas grand/grande.
4. Tu es petit? Tu es petite?   Oui, je suis petit/petite.
   Non, je ne suis pas petit/petite.

Page 38
1. Quelle sorte d'animal est Mickey?   une souris
2. Quelle sorte d'animal est Babar?   un éléphant
3. Quelle sorte d'animal est Goofey?   un chien
4. Quelle sorte d'animal est Simba?   un lion

Page 39
1. Combien de voyelles y a-t-il (dans l'alphabet français)? six
2. Combien de lettres y a-t-il dans l'alphabet?   vingt-six
3. Combien de mois y a-t-il dans une année?   douze
4. Combien de jours y a-t-il dans une semaine?   sept

Page 40
1. Comment est ta mère?   Elle est grande/petite/jolie/belle.
2. Comment est ton père?   Il est grand/petit/beau/sportif
3. Comment est ton instituteur?   Il est sévère/gentil/sympa/drôle
   Comment est ton institutrice?   Elle est sévère/gentille/sympa/drôle
4. Comment est ton ami?   Il est amusant/gentil/sympa/drôle
   Comment est ton amie?   Elle est amusante/gentille/sympa/drôle

Page 41
Revision

Page 41
Song 'la Poule Violette'